KB196814

호감 가는
사람은
말투가
다르다

호감 가는 사람은 말투가 다르다

박근일 지음

관계와
인생이 풀리는
긍정적인 말 습관

유노
북스

모든 결과는
말투에 달려 있다

우리 주변에는 유난히 사람을 끌어당기는 매력을 가진 이들이 있습니다. 그들의 말은 특별히 화려하지 않고, 논리적으로 완벽한 것만도 아닙니다. 그런데도 그들의 말 한마디는 따뜻하게 다가오고, 함께 이야기하고 싶은 기분이 듭니다. 그 비밀은 바로 '말투'에 있습니다.

호감 가는 사람들의 말투는 부드럽고 진심이 느껴지며, 듣는 사람에게 신뢰와 안도감을 줍니다. 그들의 매력은 단순히 단어 선택에서 끝나는 것이 아니라, 말을 어떻게 전하느냐에서 비롯됩니다. 부드럽고 따뜻한 말투는 단어에 생명을 불어넣고, 상대방의 마음에 깊은 인상을 남깁니다. 좋은 말투는 상대방을 배려하고 공감하며 관계를 더욱 단단하게 만듭니다.

저는 작가로서 사람들과 대화하고, 교수와 강사로서 학생들과 소통하며, 학부모 코치로서 가정을 지원해 오면서 수많은 사람과 이야기를 나누는 삶을 살아왔습니다. 그 과정에서 깨달은 것은 바로 말보다도 말투가 더 중요하다는 점이었습니다. 같은 말이라도 어떻게 전하느냐에 따라 상대방의 마음에 울림을 줄 수도, 상처를 줄 수도 있다는 것을 알게 됐죠.

특히 인성 교육과 동기 부여 강연을 하며 접한 수많은 사례들은 말투가 단순히 정보를 전달하는 것을 넘어 관계를 변화시키는 중요한 도구임을 확인하게 했습니다. 말의 내용이 단단한 기둥이라면 말투는 그 기둥을 따뜻하게 완성하는 아름다운 조각과도 같습니다.

다양한 심리학 연구도 이를 뒷받침합니다. 심리학자 대니얼 골먼의 '감성 지능' 이론은 감정을 인식하고 조절하며 다른 사람과의 관계를 관리하는 능력이 성공적인 인간관계의 핵심이라고 강조합니다. 말투가 정보 전달을 넘어 감정을 전달하는 중요한 매개체로 작용해 상대방의 신뢰와 공감을 얻는 데 큰 영향을 미치는 것이죠.

또한 심리학자 존 가트맨의 연구에 따르면 긍정적 대화와 부정적 대화의 비율은 관계의 질을 결정짓는 데 중요합니다. 그의 연구는 긍정적 말투가 상대방의 방어적 태도를 낮추고 대화를 협력적인 방향으로 끌어갈 가능성을 높인다는 점을 보여 줍니다. 이는 말투가 관계를 건강하게 유지하는 데 필수적인 도구임을 잘 설명합니다.

　말하기는 현대인의 필수 기술입니다. 학생, 직장인, 부모 등 누구나 좋은 말을 배우고 싶어 합니다. 그러나 정작 우리가 간과하는 것이 있습니다. 바로 말투입니다. 말을 잘하는 법은 비교적 배우기 쉽습니다. 그러나 말투는 더 강력한 효과를 발휘하면서도 개선하기는 더 간단합니다.

　이 책은 말투가 우리의 삶에 미치는 영향을 탐구합니다. 직장에서 사소한 말 한마디로 오해를 산 적이 있으신가요? 가족과 짧은 대화를 하는데도 의도치 않게 감정을 상하게 만든 적은 없으신가요? 이 모든 불편함은 종종 말의 내용이 아니라 말투에서 비롯됩니다.

　저 역시 말투를 통해 많은 변화를 경험했습니다. 작가로서 글을 쓰며 단어와 말투를 다듬는 작업은 삶의 매 순간을 더 섬세하게 만들었습니다. 학생들과 소통하며 배운 것은 말투가 대화에서 자신감을 북돋우는 중요한 열쇠라는 사실이었습니다. 강연과 코칭을 통해 깨달은 것은 말투의 작은 변화가 상대방의 태도와 인생까지 바꿀 수 있다는 점이었습니다.

이 책은 그동안 제가 연구와 경험을 통해 발견한 말투의 힘을 담고 있습니다. 이를 통해 여러분도 말투를 바꿀 수 있기를 바랍니다. 오늘부터 말의 내용뿐만 아니라, '어떻게 말할 것인가'에도 신경을 써 보세요. 작은 말투의 변화가 큰 삶의 변화를 만들어 낼 것입니다.

이제, 말투로 당신의 인생을 바꿔 보세요.

차례

1장
상대가 긴장하는 불편한 말투

2장
만나면 기분 좋은 편안한 말투

3장
마음을 끌어당기는 다정한 말투

4장
일이 쉬워지는 똑똑한 말투

상대가
긴장하는
불편한 말투

한국인의 짜증 내는 말버릇 1위, 아니!

"아니, 내 말 좀 들어 봐."

우리는 대화를 시작하며 무심코 이런 말을 내뱉곤 합니다. 듣는 사람은 짜증이 묻어난 말투에 마음이 상하지만 정작 말한 사람은 문제를 알아채지 못할 때가 많습니다. 특히 '아니' 같은 단어는 대화의 전체 톤을 짜증 섞인 느낌으로 바꿔 상대방의 방어 기제를 자극하기도 합니다.

한 기업의 대표가 고객사와 단가를 협상했습니다. 그는 이미 최저 마진으로 단가를 제시했지만 상대 기업의 간부는 더 낮은 단가를 요구했습니다. 순간 짜증을 참지 못한 대표는 이렇게 말했습니다.

"아니, 이게 말이 되는 조건입니까?"

결과는 어땠을까요? 상대 기업의 간부는 협력사를 결정할 권한을 가진 중요한 인물이었습니다. 그는 대표의 짜증 섞인 말투를 듣자마자 방어적인 태도를 보였고, 결국 협상은 결렬되었습니다. 그 후 대표는 더 불리한 조건으로 협상 테이블에 다시 앉아야 했습니다.

짜증 섞인 말투는 감정 표현만으로 끝나지 않습니다. 의도하지 않았더라도 상대방에게 부정적인 인상을 주고 갈등을 키우며 관계를 악화시킬 수 있습니다. 그렇다면 왜 우리는 쉽게 짜증을 내고, 왜 이런 말투가 대화에서 문제가 되는 걸까요?

실패가 짜증을 부르고 짜증이 실패를 부른다

심리학에서는 이를 '좌절 공격 가설'로 설명합니다. 원하는 목표에 도달하지 못했을 때 좌절감이 생기고 이 좌절감이 짜중이나 공격성으로 나타난다는 것입니다. 예를 들어 시험에서 낮은 점수를 받고 부모에게 "내가 얼마나 노력했는지 모르겠어?"라고 짜증을 내거나, 교통 체증으로 약속에 늦은 상황에서 "이럴까 봐 내가 대중교통 타자고 했잖아!"라고 쏘아붙이는 경우입니다. 우리 안의 좌절감은 무의식적으로 타인에게 표출되어 관계를 해치곤 합니다.

심리학자 대니얼 카너먼은 짜증 섞인 반응을 두 가지 사고 체계로 설명했습니다. '시스템 1'은 빠르고 직관적인 사고로 즉각적인 감정적 반응을 주도합니다. 반면 '시스템 2'는 이성적이고 신중하게 사고하며 상황을 객관적으로 판단합니다.

짜증 섞인 말투는 대부분 시스템 1에서 비롯되지만, 우리는 시스템 2를 활용해 감정을 조절하고 더 협력적인 대화를 이어 갈 수 있습니다.

짜증 섞인 말투는 좌절감을 해소할 때는 잠깐 도움이 될지 몰라도 관계에는 도움이 되지 않습니다. 반대로 긍정적인 말투는 상대방의 방어를 낮추고 대화를 협력적인 방향으로 바꿉니다. 앞서 협상 테이블의 사례로 돌아가 보겠습니다. 대표가 짜증을 억누르고 이렇게 말했다면 어땠을까요?

"제가 말씀드린 조건이 어려운 점이 있다면 함께 조율할 방법을 찾아보겠습니다. 어떤 부분에서 조정이 필요할지 말씀해 주시겠어요?"

이런 표현은 방어적인 태도를 넘어 협력을 강조합니다. 상대방 역시 마음을 열고 서로의 입장을 조율하며 생산적인 결과를 만들어 냈을 가능성이 높습니다. 순간 느낀 짜증을 누르고 마음을 긍정적으로 바꾸는 작은 변화만으로도 대화의 분위기는 완전히 달라집니다.

우리 모두 짜증 섞인 말투가 관계에 미치는 부정적인 영향을 알고 있습니다. 그러나 말투를 긍정적으로 전환하기 위해서는 연습이 필요합니다. 순간 솟아오르는 감정을 이성적으로 다스리며 상대방의 입장을 먼저 생각하는 습관을 들이는 것이 중요합니다. 의식적으로 대화를 긍정적인 방향으로 이끌도록 노력해 보세요. 작은 말투의 변화는 관계와 인생의 중요한 순간들에도 큰 차이를 만들어 냅니다.

'내가 지금 이렇게 말하면 상대방이 어떻게 느낄까?'

스스로에게 질문을 던져 보세요. 이 간단한 습관만으로도 대화의 결과는 놀라울 정도로 달라질 것입니다.

수동 공격의 날카로운 화법, 왜 예민하게 들어?

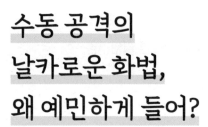

A: 아니, 이렇게 잘나가시는 분이 그 정도 일로 힘드셨다니… 살짝 과장하신 거 아니에요?

게스트: 아, 아니요. 진짜 그땐 좀 힘들었어요. 하하….

B: A 님, 오늘따라 말투가 톡 쏘네요?

A: 아니, 저는 진짜 궁금해서 여쭤 본 거예요!

B: (게스트를 향해) A 님은 항상 이렇게 말이 앞서거든요. 마음 편히 이야기해 주세요.

게스트: 네, 감사합니다.

B: A 님, 오늘은 '따뜻한 진행자' 모드로 한번 해 보는 거 어때요?

빈정거리는 말투는 의도와 상관없이 상대방에게 깊은 상처를 남기고 관계를 해치는 소극적 공격성의 대표적인 형태입니다. 많은 이의 시선이 집중되는 자리에서는 말을 더욱 조심해야 합니다. 앞서 두 명의 진행자가 게스트를 상대로 빈정대며 농담을 주고받는 상황을 살펴보면, 아무리 프로그램의 콘셉트를 이해하고 있더라도 게스트 입장에서는 상처를 받을 수 있습니다. 그래서 한 진행자가 게스트를 놀리면 다른 진행자가 이를 감싸며 균형을 맞추는 경우가 많습니다. 하지만 일상에서는 이러한 조율이 즉각적으로 이뤄지기 어렵습니다.

빈정거림은 가벼운 농담이나 유머로 끝나지 않고 상대방에게 모욕감과 불쾌감을 주며, 대화의 분위기를 얼어붙게 만듭니다. 이는 비즈니스 상황에서 특히 위험합니다.

예를 들어 고객이 단순한 질문을 했을 때 "고객님, 그런 건 당연하고요"라고 답한다면 어떻게 될까요? 고객은 더 이상 대화를 이어 가고 싶지 않을 겁니다. 아무리 좋은 설명을 덧붙여도 빈정거리는 말투는 그 내용을 무색하게 만듭니다. 반대로 이렇게 말할 수 있습니다.

"그 부분은 저희도 이미 고려하고 있습니다. 짚어 주셔서 감사합니다. 추가로 검토해 보겠습니다."

이런 태도는 문제를 해결하려는 의지를 보여 주며 신뢰를 쌓는 데 큰 도움이 됩니다.

회의나 발표 자리에서도 빈정거림은 쉽게 갈등을 일으킵니다. 가령 상사가 "그게 아이디어라고?"라고 말하면 발표자는 사기가 꺾이고 청중의 집중력도 흐트러집니다. 이런 말투는 협력과 협업에 전혀 도움이 되지 않습니다. 열린 질문으로 대화를 유도해 보세요.

"이 아이디어에 대해 조금 더 구체적으로 설명해 주실 수 있을까요?"

이렇게 말하면 발표자의 자신감을 지키며 건설적인 논의를 할 수 있습니다.

대화에도
책임 소재가 있다

심리학에서는 빈정거림을 소극적 공격성의 한 형태로 설명합니다. 이는 분노를 직접적으로 표현하는 대신 은근히 상대방에게 불편함을 주는 방식입니다. 소극적 공격성의 대표적인 특징으로는 '간접적인 표현'과 '책임 회피'가 있습니다.

"나는 농담한 건데 왜 이렇게 예민하게 받아들여?"

이런 말은 상대방의 감정을 무시하며 자신은 책임이 없다는 식으로 회피하려는 태도를 보입니다.

"그렇게 중요한 건 아니잖아."

또한 이런 표현은 상대방의 문제를 가볍게 여기고, 진지한 대화를 피하려는 경향을 드러내기도 합니다.

심리학자 테오도어 말론은 이러한 소극적 공격성을 네 가지 유형으로 구분했습니다. '불쾌한 부정주의자', '우유부단한 부정주의자', '불만족스러운 부정주의자', '완곡한 부정주의자'입니다. 이들은 모두 자신의 불만을 직접적으로 표현하지 못하고, 간접적으로 관계를 악화시킵니다.

소극적 공격은 상대방에게 혼란을 주며 대화의 흐름을 방해할 수 있습니다. 대신 협력의 의지를 보이는 말투를 사용해 보세요.

"잘 이해가 되지 않았는데, 조금 더 설명해 줄 수 있을까?"

이런 표현은 처음에는 어색할 수 있지만 상대방에게 '존중받는다'는 느낌을 주며 대화의 질을 높입니다.

기분 나쁜 티를 내고 싶을 때는 잠시 멈추고 호흡을 가다듬으며 차분히 말해 보세요. "왜 그렇게 했어?"라는 질문 대신 "어떤 점이 어려웠는지 이야기해 줄래?"라고 물어보는 것도 좋은 방법입니다. 상대방의 입장을 이해하려는 태도는 갈등을 줄이고 신뢰를 쌓으며 관계를 더욱 깊게 만들어 줍니다. 천천히 공격성을 줄이는 연습을 해 보세요.

기억을 왜곡하는 무시, 관계를 왜곡하는 가스라이팅

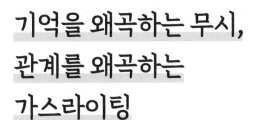

"네가 뭘 안다고 그래?"

상대방의 의견을 무시하고 자존감을 깎아내리는 말투는 대화의 벽을 쌓고 관계를 멀어지게 만듭니다. 무시는 의도적이든 아니든 상대방에게 깊은 상처를 남기고 대화를 망치고 신뢰를 무너뜨립니다.

심리학자 조지 켈리의 '개인 구성 개념' 이론에 따르면 사람은 타인의 평가를 통해 자신을 정의합니다. "네가 뭘 안다고 그래?" 같은 말은 상대방이 자신을 부정적으로 인식하게 만들어 스스로를 낮추는 계기가 됩니다. 이런 말들이 반복되면 단순한 불쾌감을 넘어 관계 자체가 어긋나기 쉽습니다.

　　무시가 반복되면 가스라이팅으로 발전할 수 있습니다. 가스라이팅은 은밀하지만 강력하게 상대방의 자존감을 무너뜨리는 심리적 조작입니다. 이는 상대방이 스스로의 판단과 감정을 의심하게 만들며, 관계의 균형을 망가뜨립니다. "너는 너무 예민해"라는 말은 상대방의 감정을 무시합니다. 또한 상대가 자신의 경험을 잘못된 것으로 느끼게 합니다.

　　"내가 그런 말을 했을 리 없어" 같은 기억을 왜곡하는 말은 상대방이 자신의 기억력과 판단력을 의심하게 만듭니다. 시간이 지나면 상대방은 자신이 언제나 틀리다고 믿게 되고, 이는 상대방이 점점 더 의존적인 상태로 빠지게 만들죠. 이러한 말투는 상대방의 자율성을 무너뜨리고, 결국 건강한 관계를 맺을 수 없게 합니다.

말을 끊지 않는
작은 습관부터

"덕분에 정말 잘됐어요. 고마워요!"

호감 가는 사람의 말투는 상대방을 인정하고 존중하는 데서 시작됩니다. 무시하는 말투가 관계를 깎아내린다면 존중하는 말투는 관계를 쌓아 올리는 초석이 됩니다. 상대방의 감정을 존중하고 공감하는 태도는 대화의 시작부터 분위기를 긍정적으로 변화시킵니다. 사람은 자신이 공감받고 있다는 느낌을 받을 때 마음의 문을 열기 때문입니다. 이때 존중은 예의 있는 말투를 넘어 상대방에게 심리적 안전감을 제공하며 관계를 깊고 단단하게 만듭니다.

"이 부분은 정말 잘했어요. 여기를 조금만 보완하면 더 훌륭할 것 같아요."

이런 말은 상대방의 노력을 인정하며 의견을 주는 긍정적 방식입니다. 이는 문제를 해결하는 데 그치지 않고 상대방의 자존감을 높이고 관계를 개선하는 데 기여합니다. 또한 이러한 말투는 상대방에게 성장의 기회를 제공하며 서로의 신뢰를 쌓아 올리는 밑거름이 되기도 합니다.

호감을 주는 대화는 신뢰를 쌓습니다. "왜 이렇게 됐어요?" 대신 "어려움이 있었던 것 같아요. 어떻게 도와드릴까요?"라고 묻는 말투는 상대방을 비난하는 대신 함께 문제를 해결하는 파트너로 인식하게 합니다. 이는 갈등을 줄이고 협력적인 관계를 만들어 내는 원동력입니다.

작은 존중의 표현도 큰 효과를 냅니다. 상대방의 말을 경청하며 고개를 끄덕이거나 "덕분에 프로젝트가 훨씬 나아졌어요"라고 기여를 인정해 주세요. 때로는 "고맙습니다"라는 말 한마디가 상대방에게 큰 힘을 줄 수 있습니다.

무심코 한 말로 상처를 줄 때도 있습니다. 이럴 땐 진심 어린 사과가 필요합니다.

"제가 한 말이 상처가 되었을 것 같아요. 미안합니다. 앞으로는 더 주의하겠습니다."

이런 말투는 신뢰를 회복하는 데 큰 도움이 됩니다. 상대방은 자신의 감정을 존중받았다고 느낄 때 비로소 마음을 열며, 관계를 회복하려는 노력을 인정하게 될 것입니다.

작은 변화부터 시작해 보세요. 상대방의 말을 끊지 않고 끝까지 경청하거나 그들의 기여를 구체적으로 인정하는 것만으로도 관계는 개선될 수 있습니다.

무시하는 말투는 관계를 해치지만 존중하는 말투는 신뢰와 유대감을 키웁니다. 상대방을 공감하고 존중하는 대화 습관은 하루아침에 생기지 않지만, 꾸준히 연습하면 더 단단한 관계를 만들어 줄 것입니다. 작은 말 한마디의 변화가 삶 전체에 긍정적인 변화를 가져올 것입니다.

의외로 권위를 떨어뜨리는 화법, 명령조

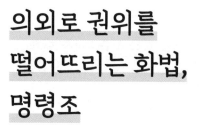

"지금 당장 다시 해 와!"

명령하는 말투는 비즈니스와 가까운 인간관계에서도 흔히 나타납니다. 이런 말투는 상대방에게 부담을 주고 저항과 갈등을 불러일으키기도 합니다.

심리학자 잭 브렘의 '심리적 반발 이론'에 따르면 사람은 자신의 자유가 침해된다고 느낄 때 본능적으로 반발하려는 성향을 보입니다. 즉 명령하는 말투는 상대의 선택권을 빼앗으면서 동시에 갈등을 유발합니다. "빨리 가져와!" 혹은 "이거 당장해!" 같은 단도직입적인 표현은 긴급한 상황에서는 효과적일 수 있지만, 상대를 압박해 방어적인 태도를 도출합니다.

명령은 언어로만 전달되지 않습니다. 말투나 몸짓에서도 강한 압박감이 느껴질 수 있습니다. 쏘아 보는 시선이나 손짓만으로 특정 행동을 지시하는 비언어적 명령 역시 상대방에게 부담을 주고 불쾌함을 느끼게 할 수 있습니다.

'자기 결정 이론'에 따르면 사람은 자율성을 존중받을 때 동기가 부여되고 창의성을 발휘합니다. 하지만 명령조는 자율성을 침해해 상대방의 의욕을 꺾고 관계를 서서히 악화시키는 요인이 됩니다. 사람은 스스로 선택하고 결정할 때 책임감과 성취감을 느끼지만 명령은 이를 억제하고 불만을 키웁니다. 명령하는 말투는 관계와 소통에서 다양한 방식으로 부정적인 결과를 초래할 뿐입니다.

우선 명령은 반발과 저항을 불러일으킵니다.

"해라!"라는 식의 명령은 상대방에게 동기를 부여하기보다는 반감을 키워 대화와 협력을 방해합니다. 이는 불필요한 갈등으로 이어지고 관계를 악화시키는 주요 원인이 됩니다.

둘째, 신뢰를 무너뜨립니다.

상대방이 '당신은 나를 존중하지 않는다'는 인식을 갖게 됨니다. 예를 들어 상사가 "이렇게만 해. 다른 방법은 생각하지 마!"라고 말한다면 직원은 창의적인 아이디어를 제안하기 어려워지고, 수동적으로 행동하게 됩니다. 결국 업무의 질도 저하되며, 상사와 직원 간의 신뢰 역시 약화됩니다.

마지막으로, 상대방의 내적 동기를 감소시킵니다.

사람은 스스로 선택한 행동에서 더 큰 만족과 성취감을 느낍니다. 그러나 명령은 외적 통제에 의존하기 때문에 이러한 긍정적인 감정을 방해하고 자발성을 억제합니다. 명령받는 사람은 자신이 일에 대한 주도권을 잃었다고 느끼며, 더 이상 적극적으로 참여하려는 의지를 보이지 않을 가능성이 높습니다.

선택권을 줄수록
더 협력한다

명령하는 말투에서 벗어나기 위해서는 상대방의 자율성을 존중하며 협력적인 대화를 시도하는 것이 중요합니다. 작은 말투의 변화만으로도 관계와 결과에 큰 영향을 미칠 수 있습니다.

"이 서류를 내일까지 준비할 수 있나요?"

이런 표현은 상대방에게 선택권을 부여합니다. 상대방이 이를 명령이 아닌 협력적인 요청으로 받아들이고 따르게 하죠.

"이 부분은 정말 잘했어요. 이제 여기를 조금만 더 채우면 훨씬 괜찮아질 것 같은데요?"

칭찬과 격려를 포함하면 상대방의 동기가 높아집니다. 긍정적인 피드백은 상대방을 기분 좋게 만드는 것을 넘어 능력을 인정하고 발전을 돕습니다.

"어떻게 생각하세요?"

질문으로 대화를 이어 나가는 것도 상대방의 의견을 존중하는 좋은 방법입니다. 이는 상대방에게 존중받고 있다는 느낌을 주며 협력적인 분위기를 조성하는 데 도움을 줍니다. 또 대화를 통해 서로의 입장을 이해하면 갈등이 줄어들고, 더 나은 해결책을 찾을 가능성이 커집니다.

명령하는 말투는 단기적으로는 빠른 실행을 유도할 수 있지만 장기적으로는 갈등과 관계 악화를 초래합니다. 요청과 협력의 언어로 대화를 전환하면 신뢰와 생산성을 높일 수 있습니다. 결국 말투 하나의 변화가 관계와 성과를 모두 개선하는 강력한 도구가 될 수 있습니다. 자율성을 존중하며 대화를 나눌 때 상대방은 더 큰 책임감을 느끼고, 긍정적인 결과를 만들 수 있기 때문입니다.

주변 사람들이 멀어졌던 이유, 푸념도 습관이다

"왜 나만 이렇게 힘든 거야?"

끊임없이 불평하거나 자책하며 푸념하는 말투를 사용하는 사람들이 있습니다. 단순히 감정을 표현하는 수준을 넘은 징징대는 말투는 관계를 악화시키고 개인의 성장과 문제 해결을 가로막는 요인이 됩니다.

심리학자 마틴 셀리그만은 이러한 행동이 '학습된 무기력'과 관련이 있다고 설명합니다. 반복되는 부정적 경험은 자신이 어떤 변화를 일으킬 수 없다고 믿게 만들며, 결국 무기력한 태도를 고착시킵니다. 푸념하는 말투는 다양한 형태로 나타나며

각각 상대방과 자신에게 다른 영향을 미칩니다. 분명한 건 어느 쪽이든 부정적이라는 것입니다. 이러한 푸념에는 어떤 것들이 있을까요?

첫째, 자기 비하형 푸념
"나는 아무것도 못 해" 같은 표현으로 과거의 실수를 반복적으로 언급하며 스스로의 가치를 끊임없이 깎아내리는 방식입니다. 이는 본인 스스로를 무능하다고 느끼게 만들고 주위 사람들에게도 걱정과 안타까움을 불러일으킵니다.

둘째, 타인 비난형 푸념
"네가 이렇게 해서 내가 힘들잖아"처럼 문제를 외부로 돌려 책임을 회피하며 갈등을 유발합니다. 이러한 말투는 상대방을 불편하게 만들며 관계의 긴장을 높입니다.

셋째, 불평형 푸념
"이건 정말 최악이야"같이 현실보다 부정적인 면에 집중하며 반복적으로 불평합니다. 이는 듣는 사람에게 피로감을 주고 대화의 동력을 잃게 만듭니다.

넷째, 요구형 푸념

"좀 도와줘, 나 너무 힘들어"처럼 상대방의 동정심을 유발하거나 책임을 전가하며 의존성을 강화시키는 경향이 있습니다.

이처럼 다양한 형태의 징징대는 말투는 대화의 질을 낮추고 사람들 간의 신뢰를 약화시킵니다.

징징대기 싫으면 기운부터 차려라

부정적 감정은 전염성이 있어 주변 사람들에게까지 확산될 수도 있습니다. 징징대는 말투는 듣는 사람에게도 부정적인 영향을 미치며, 피로감을 유발하고 팀워크를 저해합니다. 이는 단순히 개인의 문제가 아니라, 조직과 관계의 질에까지 영향을 미칠 수 있습니다. 징징거림을 멈추고 더 나은 소통으로 나아갈 방법에는 어떤 것들이 있을까요?

"지금은 조금 힘들지만 다른 방법을 찾아보자."

우선 긍정적인 자기 대화를 연습해 보세요. 자신의 가치를 인정하고 긍정적인 사고를 연습하면 징징대는 말투를 줄이는 데 효과적입니다. 이러한 연습은 스스로를 위로하는 동시에 문제 해결 의지를 고취시키는 데 도움을 줍니다.

"이 문제가 힘들지만, 분명히 방법이 있을 거야. 지금 당장 내가 할 수 있는 일은 무엇이 있지?"

두 번째는 구체적인 문제 해결 방식을 시도하는 것입니다. 문제의 본질을 파악하고 실질적인 해결책을 모색한다면 이런 과정에서 작은 성공 경험을 통해 자신감을 회복하고 문제 해결 능력을 강화할 수 있습니다.

"이 상황에서도 내가 배울 점이 있다니 다행이야."

또한 동기 부여와 감사 표현도 징징대는 말투를 개선하는 데 중요한 역할을 합니다. 작은 성취나 긍정적인 측면에 집중하는 것입니다. 이렇게 하면 부정적인 감정이 줄어들 뿐만 아니라 주변 사람들에게도 긍정적인 영향을 미칩니다. 긍정적인 태도는 말투뿐 아니라 대화의 분위기와 관계의 질을 바꾸는 강력한 힘을 발휘합니다.

언제든
안 된다고 말하는 사람은
정말 안 된다

"이건 너무 어려워서 못할 것 같아."

"왜 그렇게 생각해? 방법을 찾으면 할 수 있지 않을까?"

"그래… 맞아. 다른 방법을 한번 생각해 볼게."

우리는 무심코 던진 말 한마디로 생각이 바뀌고, 태도가 변화하며, 삶의 방향이 달라지는 경험을 하곤 합니다. 긍정적인 말은 기분을 좋게 하는 것을 넘어 우리에게 새로운 길을 열어주는 열쇠와 같습니다. 반대로 부정적인 말은 자신감과 도전 의지를 약화시키며 실패를 예언하는 함정이 되기도 합니다. "나는 할 수 있다"는 한마디가 성공과 행복으로 가는 첫걸음이 될 수 있습니다.

긍정적인 언어는 단순한 희망적 표현이 아닙니다. 그것은 우리의 감정, 행동, 그리고 주변 사람들에게까지 영향을 미치는 강력한 도구입니다. 버진 그룹의 창업자 리처드 브랜슨은 "우리는 어떤 문제도 해결할 수 있다"는 말을 통해 긍정적인 조직 문화를 구축했습니다. 그의 말 한마디는 직원들에게 자신감을 심어 주며, 창의적으로 문제를 해결할 수 있도록 독려했습니다. 이러한 긍정적 태도는 버진 그룹을 글로벌 기업으로 성장시키는 밑거름이 되었습니다.

반면 부정적인 언어는 우리의 행동을 제한하고 스트레스를 유발합니다. 뉴욕대학교의 연구에 따르면 부정적인 말은 뇌의 스트레스 반응을 활성화하며 장기적으로 불안과 좌절을 키운다고 합니다. "나는 못해"라는 말은 자신을 위축시키며 도전할 기회를 스스로 잃게 만듭니다.

행동은
말을 따른다

긍정적인 언어는 우리의 사고와 행동을 변화시킵니다. '행동

활성화 이론'은 긍정적인 행동과 언어가 우리의 감정에 영향을 미치고 언어와 감정은 다시 긍정적인 행동으로 반복된다고 설명합니다. "나는 할 수 있어"라는 말은 행동을 촉진하고, 성공적인 경험을 더 많이 만들어 내는 것입니다.

실제로 긍정적인 언어는 뇌의 '신경 가소성'과 깊이 연관되어 있습니다. 신경 가소성이란 우리가 사용하는 언어와 사고방식에 따라 뇌의 구조와 기능이 변화하는 현상을 말합니다. 긍정적인 말을 자주 사용하다 보면 뇌는 긍정적인 연결망을 형성하고 부정적인 생각과 감정을 서서히 줄이기 시작합니다.

'희망 이론'에 따르면 긍정적인 언어는 목표를 달성하기 위한 동기와 계획을 활성화합니다. 반대로 목표를 설정할 수 있는 권한이 있더라도, 달성하는 과정에서 겪을 수 있는 좌절에 대처하기 위한 새로운 수단이나 방법을 만들어 낼 수 있다는 확신이 없는 사람들은 '늑대에게 던져진 것' 같은 느낌을 받는다고 합니다.

예를 들어 "이건 어려운 상황이지만, 나는 해결책을 찾을 수 있을 거야"라는 말은 뇌의 전두엽을 자극해 계획을 세우고 실행하는 능력을 강화합니다. 이처럼 긍정적인 언어는 행동과 성과를 실질적으로 변화시키는 도구로 작용합니다.

또한 긍정적인 언어는 스트레스 호르몬인 코르티솔의 분비를 줄이고, 도파민과 세로토닌 같은 행복 호르몬의 분비를 촉진합니다. 이는 우리가 더 나은 결정을 내리고 어려움 속에서도 희망을 잃지 않는 데 중요한 역할을 합니다.

긍정과 부정은 단순히 선택할 수 있는 말의 방식이 아닙니다. 그것은 우리의 사고방식, 행동, 그리고 관계에 깊은 영향을 미치는 중요한 도구입니다. 부정적인 말은 스스로를 가두는 울타리가 될 수 있지만, 긍정적인 말은 행동의 촉매제가 되고, 우리의 잠재력을 끌어내는 강력한 도구로 작용하기 때문입니다.

"나는 할 수 없어"라는 말은 우리의 행동을 제한하고 좌절감을 키우지만, "나는 할 수 있다"라는 말은 뇌의 가능성을 깨우고 새로운 도전을 받아들이게 만듭니다. 심리학 연구에 따르면, 긍정적인 언어는 스트레스를 줄이고 행동 변화를 촉진해 더 나은 결과를 만들어 냅니다. 말투를 약간만 바꿨는데, 뇌는 아주 다르게 반응하죠.

리처드 브랜슨처럼 긍정적인 언어를 활용하는 사람들은 자신뿐 아니라 주변 사람들에게도 좋은 영향을 미칩니다. 그의 "우리는 어떤 문제도 해결할 수 있다"라는 말은 허무맹랑한 낙관론이 아닌, 팀의 자신감을 높이고 도전을 독려한 원동력이었습니다.

 오늘부터 부정적인 말을 의식적으로 줄여 보세요. "이건 너무 어려워" 대신 "한번 해 볼게"라고 말해 보세요. 작은 말투의 변화는 행동의 변화를 끌어내고, 행동의 변화는 삶을 변화시킵니다.

 긍정적인 언어는 혼란스러운 상황에서 길을 밝히는 등불과도 같습니다. "나는 할 수 있다"는 한마디는 당신의 미래를 여는 첫걸음이 될 수 있습니다. 오늘부터 매 순간 긍정적인 말을 선택해 보세요. 삶이 점점 더 밝아지고, 새로운 가능성이 열리는 경험을 하게 될 것입니다.

망했다고 말하면 좌절에서 헤어나올 수 없다

우리는 누구나 예상치 못한 문제에 직면하곤 합니다. 시험에 떨어지거나, 직장에서 진급에 실패하거나, 연인 사이에 갈등이 생길 때도 있습니다. 절체절명의 순간, 우리가 어떤 말을 하느냐에 따라 결과가 완전히 달라질 수 있다는 사실을 알고 계셨나요? "왜 이런 일이 나에게 생긴 거지?" 대신 "이 문제를 통해 무엇을 배울 수 있을까?"라고 말하는 순간, 문제는 더 이상 장애물이 아니라 성장의 기회가 됩니다.

문제를 대하는 언어는 우리의 태도와 행동을 변화시키는 시작점입니다. 문제를 기회로 바꾸는 말은 도전 과제 앞에서 자신감을 키우고 해결책을 찾습니다.

한국 축구의 아이콘 박지성은 선수 초창기 시절 작은 체격과 부족한 체력으로 인해 많은 어려움을 겪었습니다. "이건 내 한계야"라고 말할 수도 있었지만, 그는 '내 약점은 내가 극복해야 할 도전'이라고 다짐했습니다. 이후 박지성은 특유의 성실함으로 이를 극복하며 맨체스터 유나이티드의 핵심 선수로 자리 잡았습니다.

여행 유튜버 빠니보틀은 초창기 저예산 여행을 하며 촬영 장비와 편집 기술의 한계로 인해 "조잡하다"라는 피드백을 받은 적이 있습니다. 그러나 그는 이를 '진짜 여행의 맛'으로 프레임화하며 소탈한 편집과 솔직한 콘텐츠를 앞세웠습니다. 여기에 그의 재치 있는 입담과 유머가 더해져 나중에는 시청자들에게 '여행의 현실감을 살리는 콘텐츠'라는 평가를 받으며 큰 사랑을 받게 되었습니다.

문제 상황을
긍정적으로 재구성하는 말

하버드대학교의 연구에 따르면, 문제를 '위기'가 아니라 '배움의 기회'로 바라보는 언어는 뇌의 문제 해결 능력을 강화합니다. 긍정적인 표현을 사용하는 실험 그룹은 25% 더 창의적인 해결책을 제안했으며, 스트레스 호르몬인 코르티솔 수치도 감소했습니다.

또한 문제를 긍정적으로 재구성하는 말은 도파민 분비를 촉진해 동기를 강화하고, 더 나은 결과를 만드는 데 도움을 줍니다. 문제를 기회로 바꾸려면 문제를 성장의 기회로 프레임화하고, 구체적이고 실행 가능한 언어를 사용하는 것이 중요합니다. 문제를 긍정적 질문으로 전환하고, 구체적이고 실행 가능하게 표현해 보세요.

"다 망했어."
⇨ "이 경험은 다음번 성공을 위한 밑거름이 될 거야."

"이건 불가능해."
⇨ "이 문제를 풀기 위한 첫 단계는 무엇일까?"

문제를 기회로 바꾸는 말은 자신감과 성장의 가능성을 스스로에게 심어 주는 강력한 도구입니다. 다음에 문제가 찾아왔을 때 이렇게 말해 보세요.

"이 문제는 나를 위한 성장의 기회다."

말이 바뀌면 생각이 바뀌고, 생각이 바뀌면 행동이 바뀝니다. 문제는 그저 기회로 가는 또 다른 이름일 뿐입니다.

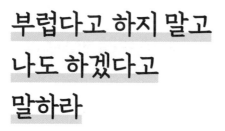

부럽다고 하지 말고 나도 하겠다고 말하라

"내가 왜 이 팀에 있어야 하지?"

BTS의 리더 RM은 데뷔 초기 다른 멤버들의 뛰어난 춤 실력을 보며 깊은 고민에 빠졌다고 고백한 적이 있습니다. 자신의 부족함을 적나라하게 마주하게 했다고 합니다. 하지만 그는 곧 시선을 바꿔 이렇게 결심했습니다.

"나는 랩과 작사로 팀에 기여할 수 있어. 춤은 내가 더 노력하면 발전할 수 있는 부분이야."

그는 질투라는 감정을 부정하거나 억누르지 않았습니다. 대신 자신의 강점을 더욱 갈고닦으며 약점은 꾸준히 노력하며 보완했습니다. 이는 RM이 BTS의 리더로서 팀을 세계적인 그룹으로 이끄는 중요한 원동력이 되었습니다.

질투는 누구나 느끼는 자연스러운 감정입니다. 하지만 그 감정을 어떤 말로 표현하느냐가 중요합니다. 종종 우리는 질투를 빈정거림이나 자기 비하로 드러냅니다. "나도 저 사람처럼 잘할 수 있으면 좋겠어"라는 부드러운 표현 대신 "저 사람은 다 가진 사람이야, 나는 안 돼"라며 자신을 깎아내리는 것이죠. 이런 말은 관계를 해치고 스스로를 위축시키며, 질투를 해소하는 대신 더 깊은 좌절로 몰아넣습니다.

질투를 건강하게 표현하면 오히려 자신을 성장시키는 강력한 원동력이 될 수 있습니다. 질투를 부정하거나 억누르는 대신, 긍정적인 언어로 전환해 보세요.

"나는 나만의 속도로 잘하고 있어. 조금 더 노력해 보면 될 거야."

이렇게 표현하는 순간 질투는 더 이상 부정적인 감정이 아닌 목표를 향한 동기로 바뀝니다.

질투가
터닝포인트로 바뀌는 말

질투는 자연스러운 감정이지만 이를 부정적으로 표현하면 갈등을 만들거나 자신을 무너뜨릴 수 있습니다. 반대로 이를 인정하고 긍정적인 방향으로 전환하면 관계와 자신 모두에게 유익한 결과를 가져옵니다. 질투를 건강하게 표현하는 법은 다음과 같이 정리할 수 있습니다.

첫째, 상대를 격려하며 함께 성장하기
"너만 잘났어" 대신 "너 정말 멋지다! 나도 노력해서 너처럼 되고 싶어"라고 말해 보세요. 이런 표현은 질투를 격려로 바꾸며, 관계를 더 끈끈하게 만듭니다. 상대방은 자신의 장점을 인정받았다는 기쁨을 느끼고, 당신의 진심 어린 격려에 고마움을 느낄 것입니다.

둘째, 스스로를 다독이며 말하기
질투의 감정은 자신을 비교할 때 더 커집니다. "나는 왜 안

되는 거지?"라는 부정적인 질문 대신 "내 속도로 가고 있는 거야. 다음번엔 더 잘할 거야"라고 말해 보세요. 이런 말은 자신감을 북돋우며 더 나은 도전으로 이끌어 줍니다. 스스로에게 너그럽게 말하다 보면, 질투는 더 이상 자신을 무너뜨리는 감정이 아니라 앞으로 나아가게 하는 동기로 탈바꿈합니다.

셋째, 질투를 성장의 방향으로 바꾸기
질투는 자신이 부족하다는 신호일 수 있습니다. 이 감정을 건강하게 활용하려면 이렇게 질문해 보세요.

"내가 할 수 있는 건 뭘까?"

그리고 질투가 나는 대상의 장점을 인정하면서 자신이 성장할 부분을 탐구해 보세요. 예를 들어 "저 사람의 발표 능력은 정말 훌륭해. 나는 전달력을 더 키워야겠어"라고 말해 보세요. 이런 식의 말투는 우리의 강점과 약점을 객관적으로 바라보는 데 도움을 주며, 성장을 위한 실질적인 계획을 세우게 도와줍니다.

질투는 자연스러운 감정입니다. 그러나 이 감정을 어떻게 말로 표현하느냐가 중요합니다. 질투를 느낄 때 "내가 할 수 있는 건 뭘까?"라고 스스로에게 물어보세요. 그리고 상대의 장점을 인정하며, 스스로를 격려하는 말투를 연습해 보세요. 건강한 질투는 더 나은 자신을 만드는 시작점이 될 것입니다.

재미없다고 할수록
삶이
피로해진다

"요즘 왜 이렇게 힘들지? 아무것도 재미없어."
"그럼 좀 쉬어. 지금은 네가 충전이 필요한 때야."
"그럴 여유가 없어. 나 이렇게 계속해야 하는 거 맞아?"

많은 사람이 겪는 권태는 에너지가 바닥났을 때 찾아오는 감정입니다. 가수 아이유는 바쁜 스케줄과 끊임없는 음악 작업 속에서 스스로 에너지가 고갈되었다고 느낀 때를 언급한 적이 있습니다.

"아무것도 하기 싫은 날들이 있었어요. 그냥 멍하니 앉아 있기만 했던 날도 많았죠. 하지만 돌이켜 보니 그런 시간들이 꼭 필요했어요. 그날들 덕분에 좋은 곡들을 쓸 수 있었죠."

　그녀는 멈춤의 시간을 받아들이고 자신을 위로하며, 이 시간을 창작의 밑거름으로 삼았습니다. 우리는 언어와 태도를 선택할 수 있으며 이는 삶의 방향을 바꿀 수 있는 중요한 열쇠가 됩니다.
　하지만 권태를 적절히 다루지 못하면 내가 나를 몰아붙일 위험도 있습니다. 권태는 가벼운 게으름이나 나태함이 아니라 의미를 잃어버린 상태에서 오는 깊은 무기력함에서 생기기 때문입니다.

권태로운 인생을
슬기롭게 극복하는 말

　권태는 뇌의 생물학적 구조와 밀접한 관련이 있습니다. 뇌과학에서 말하는 '도파민 시스템'은 우리가 목표를 설정하고 그에 따라 행동하는 동기를 제공합니다. 하지만 반복적인 일상에서나 성취 후 새로운 자극이 없는 상태에서는 도파민 분비가 급격히 줄어들게 됩니다. 이로 인해 우리의 뇌는 "이건 별로 흥미롭지 않아"라는 신호를 보내며 권태와 무기력을 유발합니다.

예를 들어 성과를 위해 바쁘게 달리던 사람이 일정한 목표를 달성한 뒤 새로운 목표를 찾지 못한다면, 뇌는 그 상태를 '정체'로 인식합니다. 이때 "왜 이렇게 힘드냐"라는 말이 반복되며 부정적인 말투로 이어지는 경우가 많습니다. 이는 도파민 시스템을 더욱 둔화시키고 권태를 심화시킵니다.

뇌과학에서의 '감사 프레이밍'이라는 개념은 권태 극복에 효과적입니다. 이는 뇌가 긍정적인 자극에 더 민감하게 반응하도록 훈련하는 방법으로, 권태와 무기력에서 벗어나 다시 동기를 회복하는 데 도움을 줍니다. 예를 들어 "내가 오늘 할 수 있는 가장 작은 성취는 무엇일까?" 또는 "이 상황에서 고마운 점은 뭘까?"라는 말을 스스로에게 던지면 뇌는 긍정적인 결과를 찾으려고 노력합니다. 이는 도파민 분비를 자극하며 작은 변화에서 성취감을 느낄 수 있도록 돕습니다. 권태를 원동력으로 승화시키는 두 가지 방법을 알아보겠습니다.

첫째, 질투를 성장의 방향으로 바꾸기
도파민 시스템은 작은 성취에도 반응합니다. 작은 성취에서 동기를 얻으면 큰 변화로 이어질 수 있습니다.

둘째, 과정을 인정하고 격려하기
과정에 가치를 부여하는 말은 무기력을 해소하고 내적 동기를 강화합니다.

권태는 우리 삶에서 피할 수 없는 순간이지만, 이를 어떻게 받아들이고 표현하느냐에 따라 전환점이 될 수도 있습니다. "지금 이 시간이 필요하다"라는 긍정적인 태도와 말투는 권태를 재충전의 기회로 바꿉니다. 작은 목표를 설정하고 스스로를 다독이며 한 걸음씩 나아가 보세요. 결국 권태는 당신이 더 나은 방향으로 나아가기 위한 잠깐의 쉼표일 뿐입니다. 당신의 말투와 태도가 그 쉼표를 마침표가 아닌 새로운 문장의 시작으로 바꿀 것입니다.

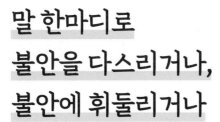말 한마디로
불안을 다스리거나,
불안에 휘둘리거나

"실수하면 어떡하지?"

"네가 준비한 만큼 충분히 잘할 거야. 걱정하지 말고 해 봐."

"그래도 마음이 너무 불안해."

불안은 누구에게나 익숙한 감정입니다. 특히 성공을 꿈꾸는 사람들이라면 더더욱 그렇습니다. 세계적인 테니스 선수 오사카 나오미는 경기 전 극도의 불안을 자주 겪는다고 밝혔습니다. 그녀는 한 인터뷰에서 이렇게 말했습니다.

"코트에 서기 전엔 항상 '내가 잘할 수 있을까?'라는 생각에

사로잡혀요. 그런데 어느 순간 이런 말을 스스로에게 하기 시
작했어요. '잘할 필요 없어. 그냥 네가 할 수 있는 걸 해 보자.'"

이 간단한 말투의 변화는 그녀에게 큰 차이를 가져왔습니
다. 자신을 압박하던 불안감을 덜어 내고, 코트 위에서 더 자
유롭고 자신감 있게 경기를 풀어 나갈 수 있는 원동력이 되었
죠. 그녀의 경험은 불안한 순간에 말투의 전환이 얼마나 중요
한지를 보여 주는 좋은 사례입니다.

상황은 통제할 수 없어도
말투는 통제할 수 있다

심리학에서는 불안을 '통제할 수 없는 상황에서 오는 반응'으
로 정의합니다. 불안은 우리의 뇌가 위협을 감지하고 경고하
는 자연스러운 현상이지만, 때로는 과도하게 반응해 자신감을
잃게 만듭니다. 이는 특히 부정적인 자기 대화를 통해 증폭됩
니다. 예를 들어 시험을 앞두고 "나는 이번에 망할 거야"라는
생각이 반복되다 보면 불안은 더욱 커지고, 말투에도 부정적
인 영향을 끼칩니다.

'마음 챙김'은 불안을 다스리는 데 도움이 됩니다. 마음 챙김

은 현재 순간에 집중하며 판단 없이 자신을 수용하는 것을 강조합니다. 불안한 순간 우리의 뇌는 과거의 실패나 미래의 두려움에 집중하기 쉬운데, 마음 챙김은 이러한 흐름을 끊고 현재에 머물도록 도와줍니다.

불안한 순간에 "지금 이 순간 나는 무엇을 느끼고 있을까?" 혹은 "내가 통제할 수 있는 것은 무엇일까?" 같은 질문을 스스로에게 던져 보세요. 이는 부정적인 자기 대화를 줄이고, 현재 상황에 대한 통제감을 키워 줍니다. 이런 간단한 말투의 변화는 스트레스를 조절하고 불안을 안정으로 바꾸는 데 효과적입니다.

"이번 발표를 망치면 어떡하지?"
⇨ "지금 이 순간 내가 준비한 것에 집중하자."

"모두 나를 비웃으면 어떡하지?"
⇨ "내가 잘할 수 있는 것만 신경 쓰면 돼."

연구에 따르면 마음 챙김을 기반으로 긍정적인 자기 대화를 연습한 사람들은 불안 수준이 크게 감소하고 스트레스 상황에서도 더 높은 자기 통제력을 보여 줬습니다. 중요한 것은 부정적인 감정을 억누르는 것이 아니라 이를 인정하면서도 현재 자신이 할 수 있는 것에 집중하는 태도를 기르는 것입니다.

중요한 순간이나 도전 앞에서 불안감을 느끼는 것은 우리 삶에서 피할 수 없는 부분이죠. 하지만 이런 감정에 휘둘리느냐 아니면 이를 다스리고 나아가느냐는 전적으로 우리의 선택에 달려 있습니다.

불안한 순간에는 부정적인 자기 대화가 우리의 마음을 사로잡곤 합니다. '못할 것 같아'라는 생각이 떠오를 때가 많죠. 하지만 말투를 바꾸는 작은 전환만으로도 불안은 안정으로 바뀔 수 있습니다. "지금까지 잘해 왔고, 이번에도 해낼 거야"라는 말 한마디가 불안을 잠재우고 스스로를 격려하는 강력한 힘이 됩니다. 이런 말은 나에게도, 남에게도 효과적입니다.

부정적인 자기 대화는 불안을 심화시키지만, 긍정적인 말투는 자신감을 북돋고 평온함을 되찾게 합니다. "할 수 있을까?"라는 불안한 물음이 불쑥 떠오른다면 이렇게 답해 보세요.

"나는 최선을 다하고 있어."

이러한 작은 변화가 우리의 태도를 바꾸고, 더 나은 결과로 이어질 수 있습니다. 말투는 단순한 표현이 아니라 마음을 안정시키고 행동을 변화시키는 열쇠입니다.

불안을 다스리는 말투는 단순히 지금의 어려움을 넘기는 데 그치지 않습니다. 이는 자신감과 안정감을 되찾아 더 나은 내일을 만들어 가는 시작점이 됩니다. 불안이 찾아올 때마다 스스로에게 "이 또한 지나갈 것이고, 나는 해낼 수 있어"라고 다독여 보세요. 당신의 말투가 불안을 잠재우고 가능성을 열어 줄 것입니다.

2장

만나면
기분 좋은
편안한 말투

7초 안에 결정되는 첫인상의 비밀

첫 만남은 너무 어려워

계획대로 되는 게 없어서

〈첫 만남은 계획대로 되지 않아〉라는 이 노래는 첫 만남의 설렘 속에서 마주한 막연함과 앞으로 함께할 나날들에 대한 기대가 담겨 있습니다.

사람들은 7초에서 30초 사이에 첫인상을 형성한다고 합니다. 이 짧은 시간 동안 우리는 서로의 말투, 표정, 억양 등을 통해 인상을 주고받습니다. 심리학자 솔로몬 애쉬는 이를 '초두 효과'라고 명명했습니다. 그는 처음의 인상이 이후의 판단에 지속적으로 영향을 미친다고 설명합니다.

그는 1946년에 진행한 성격 인상 형성에 관한 실험에서 초기에 제공된 정보가 사람들의 이후 판단에 큰 영향을 미친다는 것을 발견했습니다. 그는 참가자들에게 두 가지 성격 설명을 제시했습니다.

지적이고 부지런하며 충동적이고 완고하다.
완고하고 충동적이며 부지런하고 지적이다.

두 설명은 내용이 동일하지만, 나열된 순서가 달랐습니다. 결과적으로 앞에 나오는 단어, 즉 초기에 제시된 정보가 사람들의 인상 형성에 더 큰 영향을 줬다는 것이 밝혀졌습니다. 사람들은 첫인상을 바탕으로 상대방을 평가하며, 이후의 정보는 첫인상을 보완하거나 강화하는 데 사용된다는 것입니다.

"안녕하세요! 오늘 날씨 정말 좋죠?"

한마디 인사말을 들었을 뿐인데 하루 종일 기분이 좋았던 경험을 하신 적 있으신가요? 반대로 "안녕하세요… 날씨가 좋네요"라는 무미건조한 말투로 인해 대화가 어색해진 경험도 있을 겁니다. 같은 내용이라도 어떤 말투로 전달하느냐에 따라 상대방이 받는 인상은 크게 달라집니다. 첫 만남에서의 말투는 상대방에게 당신의 첫인상을 깊이 새기는 결정적인 요소입니다. 밝고 친절한 말투는 상대방에게 호감을 주고, 자신감 있는 말투는 신뢰를 형성하며, 유머 감각이 담긴 말투는 매력을 더합니다. 반면 자신감 없는 말투는 불안감을 유발하고, 무심한 말투는 대화를 단절시키기 쉽습니다.

돈 한푼 들이지 않아도 되는 최고의 투자, 인사

밝고 친절한 인사는 대화의 시작을 부드럽게 만들며 상대방의 마음을 여는 데 큰 도움을 줍니다. 뉴스 앵커 김주하는 방송을 시작하며 "시청자 여러분, 좋은 저녁입니다. 함께해서 반갑습니다"라는 따뜻한 말투로 청중의 신뢰를 얻습니다. 이처럼 편안하고 친근한 첫마디는 상대방에게 호감을 전달합니다.

첫인상은 앞으로 관계의 방향을 결정짓는 중요한 순간입니다. 이 짧은 시간이 가진 무게는 우리가 생각하는 것보다 훨씬 큽니다. 따뜻한 말투와 친근한 인사는 상대방의 마음을 열고 긍정적인 관계의 첫 단추를 끼우는 역할을 합니다. 하지만 인사가 항상 쉬운 것만은 아닙니다. 때로는 긴장하거나 어색한 상황에서 말투가 딱딱해지거나 무심해질 수 있습니다. 이럴 때는 자신감을 갖고 천천히 진심을 담아 인사를 건네 보세요.

"안녕하세요! 좋은 아침입니다!"

이런 말로 대화의 물꼬를 터 보세요. 여기에 따뜻한 미소를 더한다면 효과는 배가됩니다.

인사는 상대방과 나 사이에 다리를 놓는 과정입니다. "어떻게 지내세요?", "오랜만이에요, 반갑습니다"처럼 상대방의 상황에 맞는 인사말을 고민해 보는 것도 좋은 방법입니다. 중요한 것은 진심 어린 태도입니다. 상대방이 느끼는 것은 당신이 어떤 말을 했는지보다도 말을 어떤 태도로 전달했느냐입니다.

인사를 통해 만들어진 긍정적인 첫인상은 이후의 대화를 더 자연스럽게 만들고 더 깊은 관계로 이어지게 합니다. 인사를 잘하는 것은 예의 바른 사람으로 기억되고 신뢰와 호감을 쌓는 최고의 투자임을 잊지 마세요.

내가 말한 내용보다 내 말투를 기억한다

"정말 감사드립니다. 오늘도 좋은 하루 보내세요!"

이런 인사를 들은 적 있나요? 말 한마디가 하루를 따뜻하게 밝혀 주던 기억이 떠오를 겁니다. 반대로 "어, 안녕하세요" 같은 무미건조한 인사는 대화의 시작을 어색하게 만들기도 합니다. 말투는 단순한 단어의 조합이 아닙니다. 상대방에게 우리의 감정과 태도를 전달하며 때로는 그 사람의 성격과 정체성까지 드러냅니다.

현대그룹 창업주 정주영은 말투가 얼마나 강렬한 인상을 남기는지 보여 준 대표적인 사례입니다. 그는 "시련은 있어도 실패는 없다"라는 명언으로 한국 산업 발전의 상징으로 기억되고 있습니다. 1970년대, 한국이 조선업에 도전하던 시기 그는 대형 조선소 사진 한 장만 들고 외국 은행에서 자금을 확보했습니다. 자원도 기술도 부족한 상황에서 그는 "이 또한 배움의 기회다"라며 긍정적인 메시지를 전했고, 결국 현대중공업은 26만 톤급 유조선을 진수하며 세계를 놀라게 했습니다. 그의 진취적인 말투와 태도는 행동으로 이어졌고, 불가능을 가능으로 바꾸는 원동력이 되었습니다.

말투는 단순히 정보를 전달하는 수단이 아니라 감정과 태도를 드러내는 매개체입니다. 심리학자 폴 에크만은 '표정과 감정의 일치 이론'을 통해 비언어적 요소가 감정을 전달하는 데 얼마나 중요한지를 설명했습니다. 그의 연구에 따르면 말투, 목소리, 억양은 언어보다 더 강력하게 감정을 전달합니다. 같은 문장이라도 따뜻한 말투로 표현하면 상대방은 호감을 느끼고, 차가운 말투로 표현하면 방어적인 태도를 유발할 수 있습니다. 이는 우리가 사용하는 말투가 대화와 관계 형성에서 얼마나 중요한지를 강조합니다.

사람들은 흔히 상대가 무슨 말을 했는지보다 어떻게 말했는지를 더 오래 기억합니다. 이를 잘 보여 주는 연구가 있습니다. 미국의 심리학자 다니엘 카너먼과 그의 동료들은 사람들이 사건이나 경험을 어떻게 기억하는지 연구했습니다. 그들은 사람이 특정 경험의 '정점'과 '결말'을 더 강하게 기억한다는 것을 발견했습니다. 대화에서 마지막 순간에 따뜻한 말투로 마무리한다면 상대방은 대화 전체를 긍정적으로 기억할 가능성이 높습니다.

대화가 끊기지 않는 따뜻한 말투

우리말에서 '한국말은 끝까지 들어야 한다'는 표현이 의미심장한 이유도 여기에 있습니다. 끝까지 말을 들어야 의도와 맥락을 이해할 수 있는 것처럼 말투는 그 자체로 대화의 흐름을 결정짓는 중요한 요소가 됩니다. 따뜻하고 진심 어린 말투는 상대방이 당신의 말을 끝까지 듣고 싶게 만들고, 대화를 긍정적으로 이끕니다.

교육학자 하워드 고든은 흥미로운 연구를 진행했습니다. 그는 강의 내용을 전달하는 두 그룹의 강사를 비교했습니다. 한 그룹은 친절하고 유머러스한 말투를 사용했고, 다른 그룹은 딱딱하고 무표정한 말투로 강의했습니다. 강의 내용은 동일했음에도 학생들은 친절한 말투의 강사를 더 신뢰하고, 그의 강의를 더 잘 기억했습니다. 이 실험은 말투가 대화의 도구를 넘어 사람들의 감정과 기억 형성에 깊은 영향을 미친다는 것을 증명합니다.

말투는 상대방의 감정과 기억에 강렬한 인상을 남기는 중요한 요소입니다. 따뜻한 말투로 대화를 시작하면, 그 순간은 상대방에게 긍정적으로 전달됩니다. 친절하고 유머러스한 말투는 신뢰와 공감을 끌어내며 상대방의 기억에 오래도록 남게 만듭니다.

말투는 감정의 전달자이자 관계의 조율자입니다. 진심이 담긴 말투는 사람들의 마음을 움직이고 신뢰를 쌓는 기반이 됩니다. 오늘 하루, 따뜻하고 긍정적인 말투로 누군가의 하루를 밝히며 기억될 만한 대화를 만들어 보세요.

상대를 지목해서 구체적으로 칭찬하라

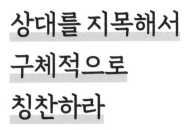

"너 정말 잘했어!"

이 말 한마디가 상대방에게 어떤 영향을 줄까요? 칭찬이 따뜻하고 진심 어린 말투로 전해진다면 상대방은 자신이 인정받았다는 느낌을 받습니다. 하지만 형식적이고 무미건조한 말투로 전달된다면 칭찬의 효과는 오히려 반감되고 신뢰를 떨어뜨릴 수도 있습니다.

칭찬은 상대방의 자존감을 높이고 관계를 돈독히 만듭니다. 심리학에서도 칭찬이 도파민 분비를 촉진해 행복감과 동기 부여를 높이는 역할을 한다고 설명합니다. 세계적인 축구 선수

손흥민은 경기 후 인터뷰에서 동료들의 노력을 구체적으로 칭찬한 적 있습니다.

"제가 잘해서 넣은 골들보다 동료 선수들의 도움들로 넣은 골들이 더 많았기 때문에, 여태까지 저한테 도움을 줬던 동료들 또 그전에 그런 기점을 했던 선수들한테 너무나도 고맙습니다."

이 말은 동료들에게 진심 어린 격려가 되었을 것입니다. 이처럼 "잘했어"라는 말 대신 "오늘 발표에서 사례를 잘 들어 설명해 줘서 이해하기 쉬웠어"처럼 구체적으로 표현한다면 상대방은 자신의 노력이 정확히 인정받았음을 느끼게 됩니다.

사람은 칭찬받은 행동을 반복한다

칭찬은 또한 밝고 긍정적인 말투와 함께 전달될 때 더욱 큰 효과를 발휘합니다. "정말 좋은 아이디어였어. 덕분에 프로젝트가 훨씬 나아졌어"라는 칭찬은 상대방에게 긍정적인 에너지를 전달하며, 더 많은 동기를 부여합니다. 이는 행동 심리학의

'강화 이론'에서도 잘 설명됩니다. 사람들은 긍정적인 피드백을 받았을 때 그 행동을 반복하려는 경향이 있습니다.

"네가 이번 보고서를 꼼꼼히 작성해 줘서 회의가 매끄럽게 진행됐어."

구체적이고 진정성 있는 칭찬은 상대방의 노력을 정확히 인정하며 긍정적인 감정을 불러일으키고, 옥시토신 같은 행복 호르몬의 분비를 촉진합니다. 관계도 더욱 돈독히 만듭니다.

칭찬을 할 때는 말투에 따뜻함과 진심을 담아 상대방을 바라보며 말하면 효과적입니다. 예를 들어 "너의 열정이 느껴졌어. 정말 멋졌어"처럼 상대방의 열정과 가치를 구체적으로 언급하거나 "이번 보고서에서 데이터를 잘 정리한 덕분에 회의가 훨씬 매끄러웠습니다"처럼 칭찬의 대상이 되는 행동을 명확히 표현해야 합니다. 밝은 톤과 긍정적인 에너지를 담아 이렇게 말해 보세요.

"당신의 아이디어 덕분에 프로젝트가 성공적으로 진행됐어요. 정말 고마워요."

칭찬은 적절한 타이밍에 할 때 더 효과적이므로, 공개적으로 할지 사적으로 할지 상황에 맞게 판단하는 것도 중요합니다. 더불어 상대방의 역할을 명확히 언급하며 "네가 중간중간 체크해 준 덕분에 실수를 줄일 수 있었어"처럼 상대의 기여를 인정하면 관계는 더 깊고 풍성해질 수 있습니다. 작은 칭찬 한마디로 누군가의 하루를 밝히고 관계를 단단히 연결해 보세요.

감사할 때는 진심, 구체성, 타이밍을 생각해라

"네가 도와줘서 정말 고마웠어."

　진심 어린 말투와 따뜻한 표정으로 하는 감사 인사는 상대방의 마음을 깊이 울리고 긍정적인 감정을 남깁니다. 반대로 형식적이고 무심한 말투로 전해진 감사는 그저 지나가며 하는 말로 치부될 수 있습니다. 예의 바른 표현의 감사는 관계를 깊고 건강하게 만들어 줍니다.

　심리학적으로도 감사는 행복과 긍정적인 감정의 핵심 요소로 꼽힙니다. 긍정 심리학의 창시자인 마틴 셀리그만은 감사가 사람들에게 긍정적인 사고방식을 심어 주며, 건강한 정신과 만족스러운 인간관계를 형성하는 데 도움을 준다고 설명합니다. 그는 감사가 스트레스를 줄이고 긍정적인 감정을 강화하며, 심지어 면역력을 높이는 데도 영향을 미친다고 밝혔습니다.

심리학자 로버트 에먼스는 감사 표현이 일상생활에 미치는 영향을 연구하며 감사가 우리 삶에 가져다주는 긍정적인 변화를 과학적으로 증명했습니다. 그의 연구에서 참가자들은 세 그룹으로 나뉘어 각기 다른 내용의 일기를 작성했습니다.

첫 번째 그룹은 매일 자신이 감사하게 느낀 다섯 가지를 기록했으며, 두 번째 그룹은 일상에서 짜증 나거나 불평할 만한 일 다섯 가지를 적었습니다. 세 번째 그룹은 특별한 지시 없이 사건이나 상황을 단순히 기록하는 방식으로 참여했습니다.

10주 후, 감사한 일을 기록한 첫 번째 그룹은 다른 두 그룹에 비해 놀라운 변화를 경험했습니다. 이들은 더 높은 행복감과 낙관적인 태도를 보였으며 삶에 대한 전반적인 만족도가 크게 증가했습니다. 또한 신체적으로도 긍정적인 변화를 보였는데, 운동 빈도가 높아지고 질병 발생률이 감소하는 경향이 나타났습니다. 인간관계에서도 뚜렷한 변화를 보였는데, 타인에게 더 친절하게 행동하며 사회적 유대감이 강화되었다는 보고가 이어졌습니다. 에먼스의 연구는 감사의 힘이 우리의 뇌를 재구성하여 긍정적인 감정을 더 자주 느끼게 하고 그 결과로 더 나은 삶을 만들어 간다고 말합니다.

감사는 단지 인사치레가 아닙니다. 상대방의 노력과 존재를 인정하는 표현이며, 이를 통해 관계를 더욱 끈끈하게 만들어 주는 매개체입니다. 예를 들어 친구가 힘든 상황에서 도움을 줬다면, "네가 어제 나를 도와준 덕분에 큰 부담을 덜었어. 정말 고마워"처럼 구체적인 상황을 언급해 보세요. 상대방은 자신의 노력이 인정받았다는 사실에 기쁨을 느끼고 더 깊은 유대감을 형성할 수 있습니다.

"이 모든 것은 혼자 이룬 게 아니라 팀원들과 팬들의 응원이 있었기에 가능했습니다."

배구 선수 김연경은 경기 후 팀원과 팬들에게 감사의 마음을 전하는 것으로 유명합니다. 그녀의 말은 팀워크와 팬들의 지지를 소중히 여기는 태도를 보여 줍니다. 이런 진심 어린 감사가 팀원들과 팬들에게 감동을 주는 것입니다.

고마움을 표현하는
세 가지 방법

감사를 제대로 표현하기 위해서는 진심, 구체성, 그리고 적절한 타이밍이 중요합니다. 심리학에서는 이를 감정 표현의 3요소라고 정의합니다.

첫째, 말에는 진심이 담겨야 합니다.
의례적으로 "고마워"라고 말하기보다 상대방의 노력을 인정하고 감사를 느끼는 이유를 함께 전달하세요.

둘째, 구체적인 상황과 행동을 언급하면 감사의 진정성이 더욱 강화됩니다.
"네가 이번 프로젝트에서 보여 준 열정 덕분에 성공적으로 마칠 수 있었어"처럼 구체적으로 표현하면 상대방은 자신의 기여가 뚜렷하게 인정받았음을 느낍니다.

셋째, 감사의 마음은 가능한 한 빨리 전달하는 것이 중요합니다.
일이 끝난 직후나 하루가 지나기 전에 메시지를 보내면 감사의 효과를 극대화할 수 있습니다.

심리학자 바버라 프레드릭슨은 감사와 같은 긍정적인 감정이 우리의 뇌를 더욱 유연하고 창의적으로 만들어 준다고 밝혔습니다. 감사의 표현은 도파민과 옥시토신 같은 긍정적 호르몬의 분비를 촉진해 스트레스를 줄이고 인간관계를 더욱 건강하게 만드는 역할을 합니다.

하루를 마치기 전에 오늘 감사한 일이 무엇이었는지 떠올리고, 가까운 사람들에게 먼저 감사의 마음을 전해 보세요. 감사는 표현될 때 더욱 빛을 발합니다. 사소한 말 한마디가 당신의 관계와 삶에 큰 변화를 가져올 것입니다.

긍정적인 말은
용기의 눈물을
흘리게 한다

"그렇게 하면 실패할 거예요."

"다른 방법으로 시도하면 가능성이 높아지지 않을까요?"

우리는 일상에서 부정적인 말투를 무의식적으로 사용하곤 합니다. 그러나 말의 내용보다 말투가 상대방에게 더 큰 영향을 주는 경우가 많습니다. 특히 대중 앞에서 강연이나 인터뷰를 할 때 부정적인 말투를 사용하면 한순간에 분위기를 가라앉게 할 수 있습니다.

방송인 오프라 윈프리는 부정적인 상황을 긍정적으로 전환하는 말투로 유명합니다. 토크 쇼에서 한 관객이 자신의 실패담을 털어놓으며 눈물을 흘리자 그녀는 이렇게 말했습니다.

"실패는 우리가 배울 수 있는 최고의 스승입니다. 지금 당신이 경험하고 있는 이 순간도 당신을 더 강하게 만들 거예요."

그 말 한마디에 관객은 눈물을 닦고 웃으며 고개를 끄덕였습니다. 그녀의 긍정적인 말투는 위로가 된 것은 물론 상대방의 마음을 움직이고 행동을 바꾸는 데까지 이어졌습니다.

심리학에서는 부정적인 언어가 스트레스 호르몬인 코르티솔 분비를 증가시키고, 방어적인 태도를 유발한다고 합니다. 부정적인 말투를 자주 사용하는 사람과 대화하면 우리는 긴장과 불편을 느끼게 됩니다.

예를 들어 회의 중 팀원에게 "이건 왜 제대로 못했어?"라고 말하면 문제를 해결하고자 하는 마음보다 비난의 감정이 부각됩니다. 반면 "이 부분은 조금 더 보완할 여지가 있습니다. 같이 아이디어를 내 봅시다"라고 말하면 협력적인 분위기가 조성됩니다.

부정적인 말투는 대화의 흐름을 방해하고 갈등을 키우지만 긍정적인 말투는 서로의 태도를 변화시키고 해결책을 이끌어

냅니다. 부정을 긍정으로 바꾸는 방법은 어떤 것들이 있을까요?

부정적인 관점을
긍정적인 관점으로 바꾸는 말

"이건 정말 안되겠어."
⇨ "이걸 어떻게 하면 잘 해결할 수 있을까?"

부정적인 말은 문제를 지적할 뿐 해결책을 제시하지 못하는 경우가 많습니다. 이를 긍정적인 질문으로 바꿔 보세요. 질문은 답을 찾아가는 시작점입니다. 긍정적인 질문은 자연스럽게 해결책을 탐구하게 하고 생각의 전환을 유도합니다.

"이건 잘못된 것 같은데?"
⇨ "이 부분만 조금 수정하면 훨씬 좋아질 것 같아."

부정적인 피드백을 직접적으로 전달하면 상대방의 의욕을 떨어뜨릴 수 있습니다. 하지만 긍정적인 부분을 먼저 언급하고 가능성을 제시하면 상대방은 자신감을 되찾고 더욱 노력하게 됩니다. 긍정적인 피드백은 행동을 촉진하고 발전 가능성을 강조하여 상대방이 문제 해결을 즐겁게 받아들이도록 돕습니다.

"왜 이렇게 오래 걸려?"
⇨ "이 과정은 상당히 까다로운데, 지금까지 잘해 왔어. 조금만 더 해 보자."

누군가의 작업이 더딘 것처럼 보일 때 단순히 질책하기보다 과정을 인정하면서 방향을 제시하는 것이 중요합니다. 이는 상대방의 노력을 인정하고, 스트레스를 줄이며, 동기를 부여합니다.

긍정적인 말투가 가져오는 변화는 다양한 사례에서 확인할 수 있습니다. 세계적인 농구 선수 르브론 제임스는 경기 중 실수를 한 팀원을 다그치기보다 이렇게 말했습니다.

"괜찮아, 다음 플레이에 집중하자. 충분히 잘할 수 있어."

이 말은 실수로 위축된 팀원을 다시 일으켜 세웠고 경기는 점차 긍정적인 흐름으로 전환되었습니다. 그의 긍정적인 리더십은 단순히 실수를 지적하는 대신 팀원들이 다음 기회를 잡을 수 있도록 동기를 부여한 사례로 자주 언급됩니다.

스타벅스 CEO 하워드 슐츠의 이야기도 좋은 교훈입니다. 한 직원이 실수로 고객 주문을 잘못 처리한 사건이 있었습니다. 일반적인 상황에서라면 질책이 뒤따랐겠지만, 그는 이렇게 말했습니다.

"실수는 누구나 할 수 있어요. 중요한 건 이 경험을 통해 더 나아질 방법을 배우는 거예요."

직원은 더 나은 서비스를 제공하겠다는 의지를 다졌고, 이 일은 스타벅스의 사내 교육 사례로도 활용되었습니다. 긍정적인 말투는 단순히 듣기 좋은 말 이상의 가치를 지닙니다. 상대방에게 책임감을 느끼게 하면서도, 더 나은 결과를 이끌어 낼 수 있는 강력한 힘을 발휘합니다. 이제 부정 대신 긍정의 말투를 선택해 보세요.

공감해 주면 인정받는다고 느낀다

"요즘 정말 힘들어."

친구가 이렇게 말했을 때, 당신은 어떻게 대답하나요? "다들 힘들지 뭐"라고 무심코 넘긴 적은 없나요? 만약 "정말 많이 지쳤겠다. 어떤 부분이 가장 힘들었어?"라고 답한다면 어떤 차이가 생길까요?

말 한마디로 대화의 방향이 완전히 달라질 수 있습니다. 공감은 위로를 넘어 나와 상대방의 마음을 잇는 다리가 돼 관계를 깊고 단단하게 만들어 줍니다. 사람들은 자신이 느끼는 감정을 진심으로 이해받고 있다고 느낄 때 더 위안을 얻습니다.

심리학자 에이브러햄 매슬로우는 인간이 기본적인 욕구를 충족하기 위해 계층적으로 동기를 가진다고 주장하며 이를 '욕구 단계설'로 제시했습니다. 매슬로우의 이론은 인간이 가장 기본적인 생리적 욕구에서 시작해 안전의 욕구, 사랑과 소속의 욕구, 존경의 욕구, 마지막으로 자아실현 욕구를 만족하려 한다고 말합니다. 이론은 각 단계의 욕구가 충족돼야만 다음 단계의 욕구를 추구할 수 있다고 설명합니다.

매슬로우의 욕구 단계설에서 소속감과 사랑의 욕구는 특히 공감과 밀접하게 연결됩니다. 우리는 타인으로부터 공감을 받을 때 소속감과 인정받는 기쁨을 얻으며 따뜻함을 느낍니다. 이는 관계를 더 깊고 의미 있게 만들며, 상호 신뢰와 친밀감을 강화합니다.

예를 들어 누군가가 어려움을 토로할 때 "그럴 수도 있지"라는 무심한 반응 대신 "정말 힘드셨겠어요. 제가 도와드릴 방법이 있을까요?"라고 말하면 그 사람은 자신의 감정을 인정받고 있다는 느낌을 받을 것입니다. 이는 소속감 욕구와 존중 욕구를 충족시키며, 관계를 긍정적으로 발전시키는 기반이 됩니다. 공감은 인간의 기본적 욕구를 충족시키는 강력한 대화의 기술입니다.

버락 오바마가 말할 때 초점을 둔 한 가지

공감은 단순한 말의 교환을 넘어 관계를 형성하고 유지하는데 필수적인 역할을 합니다. 미국의 전 대통령 버락 오바마는 공감 어린 소통으로 유명했습니다.

"I hear you, and I understand your pain(당신의 아픔을 이해합니다)."

2015년 찰스턴 교회 총격 사건 이후 그는 피해자 가족들과 국민들에게 이 문장을 통해 그들의 고통을 깊이 공감하고 있음을 표현했습니다. 이 말은 국민들이 이해받고 있다는 강한 신뢰감을 심어 줬습니다. 이는 정책적 해결을 약속하는 것 이상으로 감정적으로 연결되는 리더로서의 모습을 각인시키는데 중요한 역할을 했고, 결과적으로 많은 사람에게 안정감을 주고, 분열된 사회에서 연대감을 강화했습니다.

"You are not alone. Together, we can overcome this(당신은 혼자가 아닙니다. 함께라면 우리는 이겨낼 수 있습니다)."

팬데믹 초기, 오바마 대통령은 공공 성명을 통해 이 문장을 사용했습니다. 팬데믹이 처음 시작되었을 때 사람들은 극심한 불안과 고립감을 느꼈습니다. 사회적 연대는 뿌리부터 흔들리는 상황이었습니다. 오바마는 혼자라는 두려움을 느끼는 사람들에게 위로를 전하는 데 초점을 맞췄습니다. 그리고 여기에서 그치지 않고, 문제를 함께 해결해 나가겠다는 연대감을 강조했죠. 국민들은 정부와 사회가 자신들의 고통과 두려움을 이해한다는 것을 느낄 수 있었고, 그들의 협력 의지를 확인할 수 있었습니다. 이런 공감의 메시지는 사람들에게 심리적 안정감을 줬고 혼란 속에서 긍정으로 희망을 전파했습니다.

오바마의 말에서 공통적으로 느낄 수 있는 공감의 힘은 상대방의 고통을 진심으로 이해하고 이를 표현하는 데서 나옵니다. 공감 어린 말투는 문제를 해결하겠다는 약속을 넘어 사람들의 감정을 이해하고 그들과의 신뢰를 강화하는 데 강력하게 작용하는 것입니다. 이는 리더십에서뿐만 아니라 일상적인 대화에서도 상대방과의 관계를 깊게 만드는 핵심 요소입니다.

농담을
잘할 줄 아는 사람은
여유로워 보인다

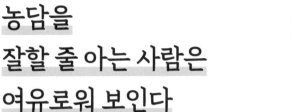

"야, 이번에 또 늦었네?"
"다음엔 제시간에 오면 내가 용돈이라도 줄게."

사소한 농담 한마디로도 대화의 분위기를 좌우할 수 있습니다. 농담은 가벼운 웃음을 유발해 서로의 마음을 열게 하고, 때로는 불편한 기류를 흐르게 해서 관계를 어색하게 만들기도 합니다. 농담을 할 때의 말투는 농담 자체만큼이나 중요합니다. 같은 내용이라도 어떤 말투로 전달하느냐에 따라 농담은 호감을 주기도 하고 반대로 오해를 살 수도 있습니다.

그래도 농담은 분위기를 풀어 주고 여유로운 이미지를 보여 줍니다. 그것으로 사람들 사이에 보이지 않는 다리가 놓이고 서로를 더 가깝게 연결해 줍니다.

'공감과 안전 신호 이론'은 농담이 언어 유희를 넘어 상대방에게 '우리는 같은 편이다'라는 메시지를 전달하며, 신뢰와 유대를 형성한다고 설명합니다. 이는 인간관계에서 농담이 갖는 힘을 잘 보여 줍니다.

농담은 보통 가벼운 위트와 예상치 못한 전환을 통해 사람들을 웃게 만듭니다. 하지만 심리학적으로, 농담의 진짜 힘은 웃음 자체가 아니라 그 배경에 있는 메시지에서 나옵니다. 상대방이 농담에 웃는다는 것은 단순히 재미있어서가 아닙니다.

'나는 당신의 의도를 이해했고, 그것에 동의한다.'

이런 메시지는 농담을 주고받는 사람들 사이에 보이지 않는 신뢰의 끈을 만들어 줍니다.

한 연구에서는 사람들이 농담을 주고받을 때 뇌에서 보상 체계가 활성화되는 것을 발견했습니다. 특히 농담을 통해 웃을 때 방출되는 옥시토신은 신뢰와 친밀감을 높이는 데 중요한 역할을 합니다.

이는 농담이 단순한 말장난이 아니라 인간관계를 돈독히 하는 데 중요한 도구라는 점을 시사합니다.

농담할 때 가벼워 보이지 않는 세 가지 방법

농담은 단순한 유머를 넘어 상대방과의 관계를 부드럽게 만드는 중요한 도구입니다. 하지만 농담을 던질 때 말투가 무심하거나 공격적으로 느껴진다면 상대방은 그 말을 농담으로 받아들이기 어렵습니다

예를 들어 "넌 맨날 그 모양이야"라는 말을 웃으며 던졌더라도, 냉소가 느껴진다면 상대방은 자신의 부족함을 지적당했다고 느낄 수 있습니다. 반면 밝고 유쾌한 말투로 전달하면 가벼운 농담으로 받아들이며 대화의 분위기가 훨씬 부드러워질 수 있습니다. 어떻게 같은 농담도 재치 있게 전달할 수 있을까요?

우선 농담할 때는 밝고 가벼운 톤을 유지하는 것이 중요합니다. 너무 낮거나 무겁게 들리면 농담이 아닌 비판으로 들릴 위험이 있습니다.

"이거 또 늦었네?"

⇨ "넌 항상 독특한 시간 감각을 갖고 있구나!"

　상대의 기분을 신경 쓰는 것도 중요합니다. 상대방이 이미 피곤하거나 기분이 좋지 않은 상태라면 농담은 상황을 더 나쁘게 만들 수 있습니다. 먼저 상대의 감정을 살피고 적절한 순간에 농담을 던지세요. 상대를 희생양으로 삼는 농담은 자칫 비꼬는 말투로 들릴 수 있습니다. 농담의 초점을 자신이나 상황으로 돌리면 더 편안하고 유쾌한 대화가 될 수 있습니다.

　잘 들어맞는 농담은 긴장을 풀어 주고, 서로의 거리를 좁히는 역할을 합니다. 특히 농담의 말투가 상대방에게 배려와 유쾌함을 전달할 수 있다면 가벼운 한마디로도 관계는 한층 더 깊어질 수 있습니다.

내가 그의 이름을 부르면 그가 내게 와서 꽃이 된다

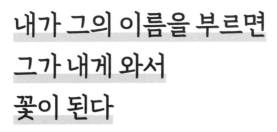

"야, 이리 와 봐."

"지훈아, 잠깐 와 줄래?"

같은 부탁이라도 말투에 따라 전해지는 감정은 완전히 달라집니다. 특히 상대방의 이름을 부르는 말은 상대방에게 '내가 특별히 존중받고 있다'는 느낌을 줍니다. 작은 차이 같지만, 이름을 불러 주며 말하면, 대화가 다정다감해지고 관계를 더 가깝게 느낄 수 있습니다.

세계적인 테니스 선수 라파엘 나달은 인터뷰에서 코치와 팀원들이 경기 중에 자신의 이름을 부르며 격려하는 것이 큰 힘이 되었다고 말한 적이 있습니다. 그는 "단순히 '힘내'라는 말보다 '라파, 네가 할 수 있어'라는 말이 더 큰 동기 부여를 준다"고 언급했습니다. 이처럼 이름을 부르면 상대방의 자신감을 북돋우고 소속감을 높입니다.

일상에서도 이름을 부르면 대화와 관계를 긍정적으로 변화시킬 수 있습니다. 예를 들어 직장에서 "네가 이 프로젝트를 맡아"라고 말하는 것보다 "지혜 씨가 이 프로젝트를 맡아 주면 좋겠어요"라고 말하면 상대방은 더 큰 동기와 책임감을 느끼게 됩니다.

중요한 사람이라고 알려 주는
가장 쉬운 방법

심리학에서는 이름이 개인의 정체성과 소속감을 형성하는 핵심 요소라고 봅니다. 이름은 단순한 단어가 아니라 그 사람의 존재를 상징하는 의미를 가집니다. 우리는 이름을 들었을 때 뇌의 측두엽과 전두엽이 활성화되며, 긍정적인 정서와 연결됩니다. 그래서 이름을 부르면 상대방의 감정을 안정시키고 자신감을 높일 수 있습니다.

뇌과학적으로도 이름을 듣는 것은 우리의 감정적 반응에 큰 영향을 미칩니다. 이름이 불리는 순간 우리의 뇌는 자동적으로 이런 메시지를 입력합니다.

'상대가 나를 주목하고 있다.'

이는 신뢰와 친밀감을 형성하는 데 중요한 역할을 합니다. 이름을 부르는 것은 대화에서 상대방에게 '당신은 나에게 중요한 존재입니다'라는 메시지를 전달하는 가장 직접적인 방법입니다.

예를 들어 고객 서비스를 할 때 "고객님" 대신 "김현수 고객님"이라고 부르면 고객은 자신이 특별히 주목받고 있다는 느낌을 받습니다. 이는 만족도를 높이는 데 효과적입니다.

일상적인 대화에서도 이름을 불러 주는 것만으로도 환기가 됩니다. 친구와 대화할 때 "그거 어떻게 됐어?"라고 묻는 것보다 "민철아, 그거 어떻게 됐어?"라고 말하면 더 친근하고 도탑게 느껴집니다. 이름은 호칭 그 이상의 의미를 담고 있습니다. 그렇다면 이름을 불러 대화하는 자연스러운 방법은 어떤 것들이 있을까요?

"수진 씨, 이 부분은 꼭 확인 부탁드릴게요."

"민재야, 이건 네가 정말 잘했어."

이름을 부름으로써 상대방의 주목을 유도하거나 강조를 할 수 있습니다.

"지훈 씨가 아니었으면 이 프로젝트는 힘들었을 거예요. 정말 감사합니다."
"윤지야, 너 덕분에 다들 기분이 좋았어."

칭찬과 격려의 순간에 이름을 부르면 감동의 깊이를 더할 수 있습니다. 이름과 긍정적인 메시지를 연결하면 더욱 진심이 느껴집니다.

"글쎄, 수현 님이 한 말을 듣고 생각이 바뀌었어요."
"예린아, 그러면 다음엔 어떻게 하고 싶어?"

대화 도중 가볍게 이름을 넣는 것도 좋은 방법입니다. 자연스럽게 이름을 넣으면 대화의 흐름이 부드럽고 친근하게 느껴집니다.

"준영 씨 덕분에 정말 큰 도움이 됐어요."
"혜림아, 네가 함께해 줘서 든든했어."

이름을 부르며 감사를 전하면 상대방은 평소보다 더 특별하게 느낍니다. 그러나 이름을 부르는 빈도는 적절해야 합니다. 너무 자주 부르면 오히려 부자연스러워 보일 수도 있습니다. 상대방의 이름을 존중감 있게 발음하고, 서두르거나 대충 말하지 않는 것이 중요합니다.

몇 글자 되지 않는 이름을 부르는 것만으로 대화와 관계가 바뀝니다. 때로는 이름만 불러도 상대방의 마음에 큰 울림을 줍니다. 이것이 바로 더 깊은 관계를 형성하고, 일상적인 대화 속에서도 서로를 특별하게 느끼게 만드는 비결입니다.

지금부터 이름을 부르는 습관을 만들어 보세요. 이를 통해 당신의 대화와 관계가 얼마나 따뜻하고 긍정적으로 변화할 수 있는지 경험해 보세요. 이 작은 변화가 더 좋은 관계의 시작이 될 것입니다.

리액션만 잘해도
대화의 절반은
성공이다

"당신은 팀원들에게 끊임없이 리액션을 보여 주며 그들의 노력을 인정하고, 큰 동기를 부여했습니다. 그게 팀이 위기 상황에서도 최선을 다할 수 있었던 이유죠."

영화 〈머니볼〉에서 팀을 성공으로 이끈 빌리 빈은 이런 칭찬을 들었습니다. 그는 데이터 분석으로 팀을 재정비했습니다. 하지만 그보다 중요한 것은 팀원들의 작은 성과에도 큰 리액션을 보여 주며 사기를 북돋았다는 점입니다. 그의 리액션은 단순한 칭찬이나 추임새가 아니라 팀원들에게 자신감과 동기를 불어넣는 힘이었습니다.

"정말 대단한 경기였어. 너만의 플레이로 팀을 살린 거야."

이 한마디는 젊은 선수들에게 자신감을 심어 줬습니다. 그의 진심 어린 리액션은 선수들이 스스로를 믿고 최선을 다할 수 있게 만든 원동력이었습니다. 단순히 기술적 조언이나 데이터 분석으로 팀을 이끈 것이 아니라 그들의 노력과 성장을 인정하는 리액션을 통해 팀의 성공을 이끌어 냈습니다.

리액션은 대화를 생동감 있게 만들 뿐만 아니라 상대방의 작은 시도나 노력을 크게 인정하는 역할도 합니다. 진심 어린 리액션은 상대방이 더 적극적으로 의견을 말하고 싶게 합니다. 또 자신감도 주죠. 특히 팀이나 조직에서 분위기를 밝게 만드는 것을 넘어 협력과 신뢰의 문화를 구축하는 데 기여합니다. 리액션으로 상대방의 하루를 빛나게 만들어 보세요.

"정말 잘했어."
"네가 아니었으면 이번 일은 어려웠을 거야."

진심 어린 한마디는 상대방에게 깊은 인상을 남깁니다.

앵무새처럼 보이지 않는
리액션 방법 네 가지

심리학에서 리액션은 '적극적 경청'과 밀접한 관련이 있습니다. 적극적 경청은 상대방의 이야기에 관심을 기울이고 적절한 반응을 보이는 것을 의미합니다. 연구에 따르면 긍정적인 리액션을 받는 사람은 자신이 인정받고 있다고 느끼며 상대와의 관계에서 더 큰 만족감을 느낍니다.

예를 들어 친구가 새로운 취미를 시작했다고 말할 때, "그거 재미있겠는데! 어떻게 시작하게 됐어?"라고 리액션을 하면 상대방은 자신이 주목받고 있다는 느낌을 받습니다. 반대로 무심하게 "아, 그래?"라고 반응하면 대화는 금방 식어 버릴 것입니다.

리액션은 우리의 뇌에서도 긍정적인 효과를 가져옵니다. 상대방의 진심 어린 반응은 도파민 분비를 촉진해 대화 자체를 즐겁고 의미 있는 경험으로 느끼게 만듭니다. 가벼운 대화에서 효과적으로 리액션하는 방법은 어떤 것들이 있을까요?

첫째, 감정에 공감하기
"그랬어? 정말 힘들었겠다"처럼 상대방의 감정에 공감하며 리액션하면 대화는 깊어집니다.

둘째, 추임새 활용하기

"와, 대박이다!", "정말?" 같은 간단한 리액션은 상대방이 말을 이어 가게 하는 데 효과적입니다.

셋째, 추가로 질문하기

"이런 아이디어를 생각해 냈다니 정말 대단해! 구체적으로 어떻게 계획한 거야?"처럼 상대방을 칭찬하며 추가 질문을 던지면 대화가 활발해집니다.

넷째, 상대방의 말에 감탄하기

"그걸 네가 직접 했다고? 정말 대단한데!"처럼 감탄의 리액션은 상대방에게 자신감을 심어 줍니다.

호감 가는 사람들은 대화를 단순히 정보 교환의 장으로 보지 않습니다. 그들은 대화를 통해 상대방의 감정을 이해하고, 이를 적극적으로 표현하는 리액션으로 관계를 더욱 견고하게 만듭니다. 오늘부터 진심 어린 리액션으로 대화에 따뜻함을 더해 보세요. 당신의 작은 반응 하나가 상대방의 마음을 움직이고, 깊고 의미 있는 관계로 이어질 것입니다. 리액션이 곧 당신의 대화와 관계를 빛나게 만드는 열쇠가 될 것입니다.

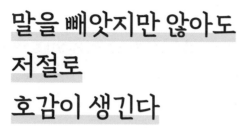

말을 빼앗지만 않아도 저절로 호감이 생긴다

"아, 나도 그런 적 있어! 근데 내 경우는 말이야….

친구나 동료의 이야기를 듣다 보면 무심코 이런 말이 튀어나오곤 합니다. 하지만 이런 반응은 대화를 이어 가기보다 상대방의 말을 가로막고, 초점을 자신에게 돌리는 결과로 이어지기 쉽습니다. 상대방은 자신이 충분히 존중받지 못하고 있다는 느낌을 받을 수 있죠. 진정한 경청은 상대방의 말을 가로채지 않고 그들의 감정과 이야기를 온전히 받아들이는 태도에서 시작됩니다.

심리학자 칼 로저스는 경청을 '인간관계를 형성하는 가장 중요한 기술'로 꼽았습니다. 그는 경청이 상대방의 감정과 경험을 그대로 받아들이는 태도에서 시작되며, 이를 통해 신뢰와 공감이 형성된다고 설명했습니다. 단순히 듣는 것이 아니라, 상대방의 내면을 이해하고 이를 인정하는 것이 진정한 경청의 핵심이라는 것입니다.

경청은 신뢰와 공감을 쌓는 첫걸음입니다. 이를 잘 보여 주는 사례로 넬슨 만델라의 이야기를 들 수 있습니다. 그는 남아프리카공화국의 전 대통령으로, 인종 갈등이 극심했던 시절에도 적들과의 대화를 시도하며 그들의 이야기에 귀를 기울였습니다. 그는 "대화는 서로를 이해하는 첫걸음"이라고 강조하며, 경청의 중요성을 몸소 실천했습니다. 만델라의 이러한 태도는 적대적 관계를 신뢰 관계로 바꾸고, 국가적 갈등을 완화하는 데까지 중요한 역할을 했습니다.

그러나 우리는 왜 상대방의 이야기를 끝까지 귀 기울여 듣지 못할까요? 우리는 종종 상대방이 말을 하는 동안에도 다음에 할 말을 준비하거나 다른 생각에 빠져 있곤 합니다. 이는 대화의 흐름을 방해하고, 상대방의 말을 제대로 이해하지 못하게 만들죠. 심리학에서는 이를 '인지적 부하'라고 설명합니다. 우리의 뇌는 한 번에 많은 정보를 처리하는 데 한계가 있기 때문에 대화 중 여러 가지를 동시에 생각하다 보면 결국 상대방의 말을 놓치거나 오해할 가능성이 높아집니다. 또한 상대방의 이야기에 귀 기울이기보다 비판하거나 조언하려는 충동이 앞서면 경청의 본질이 훼손되기 쉽습니다.

상대방을 신나게 하는 말, 더 이야기해 줄래?

경청은 단순히 화자를 위로하는 데 그치지 않습니다. 진심 어린 경청은 뇌에서 도파민 같은 행복 호르몬을 분비시켜 스트레스를 줄이고, 신뢰와 유대감을 강화하는 역할을 합니다. 또한 경청 과정에서 사용하는 비언어적 표현, 예를 들어 고개를 끄덕이거나 미소를 짓는 작은 행동은 상대방에게 안정감을 주며 대화의 질을 높이는 데 기여합니다.

경청은 우리가 일상에서 쉽게 실천할 수 있는 작은 행동으로도 큰 변화를 끌어냅니다. 상대방이 자신의 이야기를 충분히 할 수 있도록 말을 끊지 않고 기다리는 것만으로도 그들은 자신이 존중받고 있다는 느낌을 받을 수 있습니다. 대화 중에는 "그랬구나"보다 "정말 힘들었겠어요. 어떤 부분이 가장 어려웠나요?"처럼 구체적인 공감을 표현하는 것이 효과적입니다. 열린 질문을 던지는 것도 대화를 풍부하고 의미 있게 만들어 줍니다. "어떻게 그런 결정을 내리게 되었나요?" 같은 질문은 상대방이 자신의 생각을 깊이 있게 전달하도록 도와줍니다.

넬슨 만델라의 사례는 경청의 힘을 잘 보여 줍니다. 그는 대화를 통해 상대방의 입장을 먼저 이해하려 노력했으며, 이를 통해 국가의 화합을 끌어냈습니다. 우리의 일상에서도 경청은 비슷한 효과를 발휘할 수 있습니다. 친구가 고민을 털어놓는다면 이렇게 말해 보세요.

"네가 그렇게 느낄 이유가 있었겠지. 더 이야기해 줘."

아마 친구는 신이 나서 묻지 않은 일까지 말해 줄 것입니다.

3장

마음을
끌어당기는
다정한 말투

모두가
이기는
말하기 방법

"지금은 내 의견을 들어주면 좋겠어."

"알겠어. 그런데 내 의견도 한번 다시 생각해 보면 어때?"

이 짧은 대화는 단순히 주장을 주고받는 것이 아니라 서로의
입장을 이해하고 공통의 해답을 찾아가는 윈윈 소통의 예입니
다. 우리는 하루에도 수많은 사람과 소통하지만 모든 대화가
만족스럽게 끝나는 것은 아닙니다. 때로는 갈등이 생기고 한
쪽만 이득을 보는 상황으로 마무리되기도 합니다. 윈윈 대화
는 이런 문제를 해결하기 위해 필요한 소통 기술로, 상대방의
입장을 존중하면서도 자신의 이익을 명확히 전달하며 상호 간

신뢰를 쌓습니다.

조지 호먼스의 '사회적 교환 이론'은 인간관계에서 상호 호혜적인 행동이 신뢰를 쌓고 협력적인 관계를 강화한다고 설명합니다. 이론에 따르면 사람들은 대화에서 자신의 행동이 상대방에게 긍정적인 반응을 끌어낼지, 부정적인 반응을 유발할지를 무의식적으로 계산합니다. 윈윈 대화는 이러한 호혜적 상호 작용의 핵심입니다. 상대방의 입장을 이해하고, 협력적인 해결책을 제시하면 관계는 더욱 긍정적으로 발전합니다.

윈윈 대화의 대표적인 사례로 독일 전 총리 앙겔라 메르켈을 들 수 있습니다. 그녀는 유로존 부채 위기 당시 그리스 등 경제적으로 어려운 국가에 재정 책임을 요구하면서도 경제 붕괴를 방지하기 위한 지원을 제안했습니다. 이는 상대방의 입장을 존중하면서도 자신의 원칙을 고수한 윈윈 대화의 성공 사례입니다.

주어진 상황에서
최선의 결과를 내는 윈윈 전략

하버트 사이먼의 '제한적 합리성 이론'은 윈윈 대화를 이해하는 데 유용합니다. 이론에 따르면 인간은 모든 정보를 완벽히 처리할 수 없기 때문에 제한된 정보와 자원을 활용해 최선의 결정을 내리려 합니다. 윈윈 대화를 하려면 상대방의 제한된 관점과 자원을 이해하면서도 나의 관점을 효과적으로 전달할 수 있어야 합니다. 이는 상호 신뢰와 공감을 형성하며 협력을 이끄는 중요한 기반이 됩니다.

예를 들어 리더가 "지금 이 프로젝트에 더 많은 시간을 투자해야 해요"라고 말할 때, 직원이 "저도 동의합니다. 하지만 우리가 추가적으로 고려해야 할 점이 있을까요?"라고 대답한다면, 갈등보다는 협력적인 관계를 이끌어낼 수 있을 것입니다. 이처럼 윈윈 대화는 상대방의 입장을 인정하면서도 나의 의견을 명확히 전달해 공통의 목표에 초점을 맞춥니다.

윈윈 대화를 실천하려면 상대방의 감정을 공감하고, 협력적인 태도를 유지하며, 긍정적인 언어를 사용하는 것이 중요합니다. "그건 힘들었겠네요. 더 자세히 이야기해 주실 수 있나요?" 같은 말은 상대방의 감정을 존중하며 신뢰를 형성합니다. 또한 "당신의 의견도 중요해요. 그런데 이런 대안은 어떨까요?"처럼 상대방의 입장을 반영한 해결책을 제안하면 대화의 질을 높일 수 있습니다. 부정적인 표현은 긍정적인 언어로 바꿔 보세요. "이건 불가능합니다" 대신 "다른 방법을 찾아보는 게 어떨까요?"라고 말하면 상대방의 방어적인 태도가 사그라들 것입니다.

  윈윈 대화는 갈등을 줄이는 데 그치지 않고, 더 창의적이고 효율적인 해결책을 찾도록 돕습니다. 또한 상호 신뢰와 협력을 강화하며, 대화에 참여하는 모든 사람이 승자가 되는 결과를 만들어 냅니다. 상대방과 나의 입장이 조화롭게 맞물려 새로운 가능성을 열어 가는 소통, 이것이야말로 윈윈 대화의 핵심입니다.

대화의 방향을 잃어버리지 않는 법

"그 자료는 금요일까지 필요해요."

이런 말을 들었을 때 어떤 느낌이 드시나요? 이는 단순히 마감일을 알리는 말이지만 어떤 사람에게는 기한을 엄수하라는 명령이나 압박으로 느껴질 수도 있습니다. 대화는 의사소통을 통해 관계를 형성하고 발전시키는 과정입니다. 그러나 종종 의도가 상대방에게 왜곡되거나 오해를 낳는 경우도 많습니다. 오해는 갈등을 유발하고 신뢰를 약화시키며 관계를 소원하게 만듭니다. 그래서 명확하고 효과적인 커뮤니케이션은 협력을 강화하는 데 필수적입니다.

비대면 커뮤니케이션에서는 흔히 맥락의 생략이 일어납니다. 이메일이나 메시지 같은 텍스트 커뮤니케이션에서는 음성 톤이나 표정이 전달되지 않아 의도가 왜곡될 가능성이 높습니다. 심리학자 존 스웰러의 '인지 부하 이론'에 따르면 우리의 뇌는 작업 기억의 용량이 제한적입니다. 복잡하거나 불명확한 메시지는 이러한 한계를 넘어 정보 처리 속도를 늦추고 오해를 초래할 수 있습니다.

오해를 방지하려면 먼저 명확하고 간결한 표현을 사용하는 것이 중요합니다. 복잡한 문장을 단순화하고, 핵심을 중심으로 메시지를 전달하세요. 예를 들어 "이 점에 대해 더 설명해 주세요"라는 말은 상대방의 혼란을 줄이고 메시지를 명확히 이해하도록 돕습니다. 또한 적극적인 경청과 확인이 필요합니다. 상대방의 말을 끝까지 듣고 "제가 이해한 바로는 이런 뜻인가요?"라고 되묻는 연습은 대화의 방향을 같은 궤도로 맞추는 데 효과적입니다.

공감과 인정을 담은 태도를 유지하는 것도 중요합니다. 상대방의 감정을 존중하며 "그런 상황이 정말 힘드셨겠어요. 제가 도울 수 있는 게 있을까요?"라고 물으면 믿음을 줘서 대화가 더 원활해질 수 있습니다.

가까운 사이일수록
오해하기 쉽다

가족 간의 대화를 예로 들어 봅시다. 부모가 자녀에게 "공부 좀 열심히 해"라고 말할 때, 자녀는 이를 지시나 비난으로 받아들일 수 있습니다. 하지만 "네가 어떤 과목에서 더 어려움을 느끼는지 이야기해 줄래? 내가 도와줄게"라고 말하면 공감을 전달하며, 대화가 부드러워질 수 있을 것입니다.

직장에서의 협업 도중 마케팅 팀이 "더 창의적으로 만들어야 해"라는 발언은 재무 팀 입장에서는 어떤 방향으로 나아가야 한다는 것인지 이해하기 어려울 수 있습니다.

"우리가 원하는 것은 이런 방향의 창의적 아이디어입니다. 이를 위해 어떤 예산 범위를 사용할 수 있을까요?"

대화의 방향성이 확실해지면 업무는 더 수월해질 것입니다.

명확하고 공감적인 대화는 갈등을 줄이는 데 그치지 않습니다. 이는 뇌의 보상 시스템을 활성화해 긍정적인 감정을 유발합니다. 상대방의 방어 태도를 낮추고 협력을 촉진하며 관계를 더욱 돈독하게 만들기까지 하죠.

명확한 커뮤니케이션을 실천하려면 먼저 자신의 말을 점검

하는 습관을 가지세요. 메시지가 불명확하거나 과도하게 단순하지 않은지 확인하세요.

"제가 제대로 이해했나요?"

상대방의 말을 끝까지 듣고, 확실하게 확인하는 연습을 하세요. 열린 질문도 대화를 더 풍부하게 만듭니다. 예를 들어 "그 상황에서 어떤 점이 가장 어려웠나요?" 같은 질문은 상대방의 생각과 감정을 깊이 이해하도록 돕습니다. 무엇보다 친절한 태도와 따뜻한 톤을 유지하는 것이 중요합니다.

상대방이
이해받았다고
느끼도록 말하라

"정말 힘들었겠어요."

이 한마디는 상대방의 입장을 이해하려는 태도와 공감이 담겨 있습니다. 대화는 단순히 정보를 주고받는 행위가 아닙니다. 상대방의 감정을 헤아리고, 서로의 관점을 공유하며, 신뢰를 형성하는 과정입니다. 전설적인 조직 컨설턴트 스티븐 코비는《성공하는 사람들의 7가지 습관》에서 강조했습니다.

"먼저 이해하고 다음에 이해시켜라."

이 전략은 갈등을 줄이고 협력을 강화하는 소통의 기본 원칙을 명확히 보여 줍니다. 역지사지(易地思之)라는 말이 있는 것처럼 자신의 시각을 내려놓고 상대방의 관점에서 이해하려는 노력은 어떤 상황에서든 중요합니다. 그러나 현실에서는 자신의 입장을 먼저 주장하거나 상대방의 말을 가로막아 대화를 단절시키는 경우가 많습니다. 이는 갈등을 초래할 뿐만 아니라 신뢰를 저하시키는 주요 원인이 됩니다. 스티븐 코비는 또 이렇게 말했습니다.

"진정한 소통은 상대방의 입장에서 듣는 데서 시작된다."

그의 이 원칙은 단순한 경청의 중요성을 넘어 상대방을 진정으로 이해하려는 태도가 관계를 변화시키는 열쇠임을 보여 줍니다. 상대를 이해하려고 노력할 때 대화의 방향은 방어에서 협력으로, 갈등에서 해결로 전환됩니다.

심리학에서는 '인지적 공감'이 이런 대화의 핵심 역할을 한다고 설명합니다. 인지적 공감은 상대방의 감정을 지적으로 이해하고 이에 적절히 반응하는 능력입니다. 앞서 언급한 역지사지와 같은 말이죠. 예를 들어 동료가 프로젝트 중 겪은 어려움을 토로할 때 이렇게 말할 수 있습니다.

"고생 많으셨습니다. 혹시 지금 제가 도울 수 있는 부분이 있을까요?"

상대방은 자신의 감정을 인정받았다고 느끼며 신뢰를 형성할 수 있습니다.

호감 가는 사람은
남의 입장을 생각한다

"공감은 더 나은 혁신을 가능하게 합니다."

마이크로소프트의 CEO 사티아 나델라는 공감 기반의 리더십으로 조직 문화를 변화시킨 대표적인 인물입니다. 그는 직원들의 목소리를 듣고 그들의 어려움을 깊이 이해하며 이를 바탕으로 혁신을 끌어냈습니다. 그의 말처럼 공감은 단순히 감정적 지지가 아닌 실질적인 변화를 만들어 내는 힘입니다. 이 접근법은 마이크로소프트의 성과 향상뿐 아니라, 고객과 직원 모두를 만족시켰습니다.

이해하려는 노력은 상대방의 방어적인 태도를 풀고, 협력의 문을 여는 첫걸음입니다. 상대방이 자신의 감정을 이해받고 있다고 느낄 때 대화는 더 깊고 의미 있는 방향으로 발전합니다. 상대방의 말을 끝까지 듣는 태도를 가져 보세요. 그리고 열린 질문을 던져 상대방의 감정을 더 깊이 이해하고, 그들의 입장을 존중하세요. 마지막으로 단어와 문장에 따뜻한 톤과 진정성을 담으세요.

존댓말은 품격 있게,
반말은 배려 있게

"이거 해."

"이거 도와줄래요?"

같은 내용이라도 말투에 따라 전달되는 분위기와 감정은 크게 달라집니다. 말투는 단순히 정보를 전달하는 수단이 아니라, 상대방과의 관계를 비추는 거울입니다. 특히 한국어에서 존댓말과 반말의 선택은 상대방에게 우리의 태도를 표현하는 중요한 역할을 합니다. 잘 사용된 존댓말은 예의와 배려를, 적절한 반말은 친근함을 전달할 수도 있지만 때로는 오해와 갈등을 초래할 수도 있습니다.

존댓말은 상대방을 존중하고 배려하는 마음을 담는 기본적인 말입니다. 직장에서 상사에게 "회의 준비는 다 되셨나요?"라고 물으면 공손함이 느껴지는 반면 "회의 준비했어요?"라고 말하면 어색하거나 무례하게 들릴 수 있습니다.

심리학적 관점에서 존댓말은 사람들에게 신뢰를 심어 주고 긍정적인 인상을 남기는 데 효과적입니다. 스탠퍼드대학교의 연구에 따르면 공손한 언어는 상대방의 협력 의지를 높이고 갈등을 줄이는 데 중요한 역할을 합니다. 존댓말을 사용할 때는 격식을 차리면서 진심과 따뜻함을 담아야 효과를 극대화할 수 있습니다.

예를 들어 "이 일을 오늘까지 해 주세요" 대신 "이 일을 오늘까지 처리해 주시면 감사하겠습니다"라고 표현하면 요청이 아닌 협력의 메시지로 전달됩니다. 이런 차이는 대화의 결과뿐 아니라 관계의 질에도 영향을 미칩니다.

친밀감과 무례함은 순식간에 바뀔 수 있다

반말은 친밀감을 표현하지만 상황에 따라 조심스럽게 사용해야 합니다. 친구 사이에서는 편안함을, 가까운 동료와는 협력의 분위기를 만들 때도 있지만, 상대방의 동의 없이 사용하면 불쾌감을 줄 수 있습니다. 반말을 적절히 사용하기 위해선 공감과 배려가 중요합니다.

심리학자 마샬 로젠버그가 제시한 '비폭력 대화'는 공감과 존중이 담긴 언어가 갈등을 줄이고 신뢰를 강화한다고 설명합니다. 연구에 따르면 존댓말은 사람들에게 긍정적인 감정을 불러일으키고 반말은 친밀한 분위기를 조성하지만, 이 모든 것은 진정성과 태도에 달려 있습니다.

또한 한국어 특유의 존댓말과 반말 구조는 사회적 관계를 반영합니다. 적절한 존댓말은 상호 존중을 표현하고, 반말은 관계를 더욱 친밀하게 만듭니다. 이를 적절히 활용하면 인간관계를 더 깊고 풍부하게 만들 수 있습니다. 예를 들어 MC 강호동은 예능에서 반말을 주로 사용하지만, 상대방의 기여를 칭찬하고 배려를 잊지 않는 태도로 긍정적인 이미지를 구축합니다. 일상에서도 간단한 변화로 말투를 개선할 수 있습니다. "이거 좀 해" 대신 "이거 도와줄래?"라고 말하면 더 부드럽게 들립니다.

존댓말과 반말은 단순한 말투 선택이 아니라 상대방과의 관계를 결정짓는 중요한 도구입니다. 존댓말은 품격과 배려를,

반말은 친밀함과 편안함을 나타낼 수 있습니다. 상황에 맞게
적절히 사용한다면 대화는 더 따뜻하고 의미 있는 경험으로
변할 것입니다.

감정이 격해질 때는 '네가'보다 '내가'를 써라

"너는 왜 항상 늦어?"

약속 시간에 늦은 친구를 기다리며 화가 났을 때 우리는 종종 상대방의 행동을 지적하며 감정을 표현합니다. 그러나 이런 비난 섞인 말은 상대방을 방어적으로 만들고 갈등을 키울 가능성만 높입니다. 감정이 격해질 때는 '네가' 대신 '내가'를 사용해 보세요. "네가 늦을 때 나는 불안해져"라고 말한다면 상대방은 당신의 감정을 이해하고 더 부드럽게 받아들일 것입니다.

이것이 바로 'I 메시지'의 힘입니다. I 메시지는 자신의 감정을 중심으로 상황을 전달하는 대화 방식입니다. 이는 비난 대신 자신의 경험을 진솔하게 이야기하며 상대방이 방어적 태도를 취하지 않도록 돕습니다. 심리학자 토머스 고든이 유아와 초등학생 자녀를 둔 부모를 대상으로 제안한 '부모 효율성 훈련'에서도 I 메시지는 중요한 소통 도구로 언급됩니다. 고든은 이렇게 말했습니다.

"효율적인 대화는 상대방을 비난하거나 명령하는 대신 자신의 감정을 솔직히 표현하고 상대방이 이를 이해하도록 돕는 데서 시작된다."

"너는 왜 이렇게 말이 많아?"라는 비난 대신 "네가 이야기할 때 나는 대화에 끼어들 타이밍을 잡기 어려워"라고 표현하면 상대방은 자신이 불편함을 초래했음을 깨닫고 개선하려는 노력을 보일 것입니다.

갈등 상황에서는
감정과 상황을 명확히 전달하라

I 메시지가 중요한 이유는 크게 세 가지입니다.

첫째, 갈등을 완화하고 신뢰를 형성할 수 있습니다.

상대방을 비난하기보다 자신의 감정을 공유하면 상대방은 방어적인 태도 대신 더 열린 자세로 대화에 임할 가능성이 큽니다.

둘째, 스트레스와 정서적 안정감을 높일 수 있습니다.

연구에 따르면 비난 없이 자신의 감정을 전달할 때 화자가 스트레스를 덜 느끼고, 청자는 대화에 더 협조적으로 참여합니다.

셋째, 문제 해결 능력을 키웁니다.

갈등 상황에서 감정과 상황을 명확히 전달함으로써 대화의 참여자들은 본질적인 문제를 파악하고 함께 해결책을 모색할 수 있습니다.

이 방법은 일상에서도 쉽게 적용할 수 있습니다. 직장에서 팀원이 협조하지 않아 스트레스를 받을 때 "너 때문에 일이 늦어지고 있어"라고 비난하기보다 "내가 마감 기한에 대한 압박을 느끼고 있어서 더 효과적으로 협력할 수 있으면 좋겠어"라고 해 보세요. 상대방은 문제를 명확히 이해하고 해결하려고 노력할 것입니다.

가족 간 대화에서 자녀가 약속 시간을 지키지 않을 때 "너는 왜 항상 약속을 어기니?"라고 말하기 쉽습니다. 하지만 이렇게 말한다면 어떨까요?

"네가 약속을 지키지 않으면 내가 걱정이 된단다."

자녀는 자신의 행동이 부모에게 어떤 영향을 미치는지 깨닫고 더 책임감 있게 행동하려 할 것입니다.

I 메시지를 효과적으로 사용하려면 몇 가지 원칙을 기억해야 합니다.

먼저, 구체적인 감정을 표현해야 합니다.

"내가 기다릴 때 속상하고 걱정돼"처럼 감정과 상황을 연결하는 문장은 갈등을 줄이고 공감을 불러일으킵니다.

다음으로, 긍정적인 요청을 추가하세요.

"다음에는 시간을 더 지켜줬으면 좋겠어"라고 말하면, 상대방은 대화가 비난이 아니라 해결 방안을 찾는 데 초점이 맞춰져 있다고 느낍니다.

마지막으로, 대화의 톤을 부드럽고 진정성 있게 유지하세요.
따뜻한 말투는 대화의 분위기를 더 긍정적으로 만듭니다.

15초만 기다리면
화가
사라진다

"지금 당장 해결해야 한다고!"
"잠깐, 흥분하지 말고 천천히 얘기해 봐."
"아니, 이 상황에서 어떻게 차분하라는 거야?"

스트레스 상황에서 우리는 쉽게 감정에 휩쓸립니다. 이런 순간일수록 차분한 말 한마디가 상황을 풀어 가는 열쇠가 되곤 합니다. 마음을 다스리며 상황을 정리할 수 있는 말투는 자신과 상대방 모두를 안정시키는 강력한 도구입니다.

말이 의사소통의 수단을 넘어 감정을 조절하고 복잡한 상황을 풀어 나가는 힘을 가진다는 사실을 이제 우리 모두 알고 있습니다.

스트레스가 최고조에 달했을 때 감정을 조절하지 못하고 내뱉은 말 한마디는 관계를 악화시키고 문제를 더 어렵게 만들곤 합니다. 반대로 차분하고 효과적인 말투는 자신과 상대방의 감정을 안정시키고 해결의 실마리를 제공해 줍니다.

마크 저커버그는 페이스북 성장기에 수많은 도전과 비판에 직면했습니다. 투자자들의 압박, 사용자 프라이버시 논란, 경쟁사와의 치열한 경쟁 이슈에도 그는 늘 차분하고 통찰력 있는 커뮤니케이션 능력을 보여 줬습니다. 한 투자자 회의에서 심각한 플랫폼 보안 문제가 제기되었을 때, 그는 감정에 휩싸이지 않고 이렇게 말했습니다.

"우리는 이 문제를 심층적으로 분석하고 있으며, 사용자 보호를 최우선으로 하고 있습니다. 구체적인 보안 강화 계획을 3주 내에 제시하겠습니다."

그의 침착하고 전문적인 태도는 중요한 순간 투자자들에게 회사의 위기 대응 능력을 보여 줬습니다.

문제를 해결하려면
우선 감정부터

"지금 나는 짜증이 나. 일단 차분하게 대화하자."

감정은 억누르기보다는 인정하고 표현하는 것이 스트레스를 줄이는 데 효과적입니다. 하버드대학교 긍정 심리학자 션에이커는 긍정적인 언어가 뇌의 스트레스 반응을 완화하고 문제 해결 능력을 높인다고 강조했습니다. 스트레스 상황에서 "어떻게 하면 이 상황을 함께 해결할 수 있을까?" 같은 협력적인 질문은 대화의 긴장을 풀고 해결 중심의 태도를 끌어냅니다.

차분한 말투는 자신의 감정을 안정시키는 데 그치지 않고 상대방에게도 긍정적인 영향을 미칩니다. 긴급한 상황일수록 "지금은 함께 방법을 찾는 데 집중하자"라는 문장은 대화의 방향을 올바르게 잡아 줍니다. 스트레스를 받는 상황일수록 순간 느끼는 감정을 인정하고, 차분히 말하며, 문제 해결에 집중하는 태도를 가져야 합니다.

사과를 할 때는 구체적인 이유와 반성을 말할 것

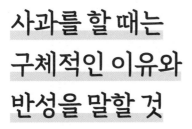

한 배우의 '가짜 연기' 발언과 그에 따른 사과 일화는 진정성 있는 소통과 상호 존중의 중요한 사례로 주목받았습니다. 세대 간 소통, 예술적 존중, 그리고 진심 어린 사과의 치유력을 보여 줬죠.

"하나만의 예시와 평소에 배우 친구들과 쉽게 이야기하는 미숙한 언어가 섞여 충분히 오해를 살 만한 문장들이었습니다."

그는 연극 무대 경험에 대한 무례한 발언 이후 일침을 가했던 선배 배우에게 즉각 손편지로 깊은 반성의 마음을 전달해

진정성 있는 소통의 모범을 보여 줬습니다.

진심 어린 사과는 상처받은 관계를 치유하고 갈등의 골을 메우며 상호 이해와 존중의 다리를 놓을 수 있습니다. 또한 진정한 사과는 개인의 성장과 성숙함을 보여 주는 중요한 지표입니다. 그가 선배 배우에게 손편지로 사과한 행동은 그의 전문성과 인간적 성숙함을 동시에 증명했습니다.

이러한 진정성 있는 사과는 상호 존중의 문화를 조성하는 데 기여합니다. 이들의 사례는 세대와 경력을 뛰어넘어 서로를 존중하고 이해하려는 노력의 중요성을 말합니다. 특히 감정적 지성, 즉 자신의 감정을 조절하고 타인의 감정을 이해하며 적절하게 대응하는 능력을 잘 보여 주는 사례입니다.

이 일화는 한국 사회에 깊은 메시지를 던졌습니다. 진심 어린 사과는 관계를 회복하고, 개인의 성장을 이끌며, 더 나은 소통 문화를 만들어 가는 중요한 사회적 도구임을 일깨워 줬습니다.

사과는 약함의 표시가 아니라 강함과 성숙함의 증거이며, 진정성 있는 소통이 얼마나 중요한지를 보여 주는 귀중한 예시입니다.

사과하는 것은
자존심 상하는 것과 별개다

많은 사람이 사과를 어려워합니다. 잘못을 인정하는 것이 자신의 자존심과 권위를 깎아내리는 일로 느껴지기 때문입니다. 특히 사회적 관계에서 사과는 패배나 약점으로 오해되기도 합니다. 하지만 심리학에서는 사과를 강점으로 바라봅니다. 잘못을 인정하고 책임을 지는 행동이 오히려 신뢰와 존중을 쌓는 데 필수적이라는 것입니다.

심리학자 로이 바우마이스터의 연구에 따르면 인간은 자신의 이미지를 긍정적으로 유지하려는 경향이 강합니다. 이 때문에 잘못을 인정하면 자기 이미지를 훼손한다고 느껴 회피하려는 방어 메커니즘이 작동합니다. 그러나 사과는 관계를 회복시키는 가장 강력한 도구 중 하나입니다. 잘못된 말투나 행동이 상대방에게 상처를 줬을 때 적절한 방법으로 사과를 건넨다면 당사자 사이의 신뢰는 오히려 강해질 수도 있습니다.

사과하지 않으려는 태도는 '인지 부조화'로 설명됩니다. 우리는 자신이 올바른 사람이라고 믿고 싶어 하며, 잘못된 행동과 이 믿음이 충돌할 때 불편함을 느낍니다. 그리고 불편함을 해소하기 위해 "내가 틀린 게 아니야"라고 합리화하며 사과를 회피하는 것입니다. 그러나 합리화는 순간적인 안도감을 줄

수는 있지만 관계에는 장기적인 악영향을 미칠 수 있습니다. 그렇다면 효과적인 사과 방법에는 어떤 것들이 있을까요?

첫째, 즉각 사과하기

사과는 특히 타이밍이 중요합니다. 문제가 발생한 즉시 사과하는 것이 상대방의 마음을 돌리는 데 더 효과적입니다. 지나치게 오래 미룬 사과는 진정성을 의심받을 수 있으며 오히려 약을 올리는 것처럼 느끼거나 덮어 뒀던 문제를 꺼내 상처를 다시 건드리는 듯한 결과를 자아낼 수도 있습니다.

둘째, 진심으로 사과하기

"내가 잘못했어. 정말 미안해"라는 한마디는 상처를 치유하는 시작점이 됩니다. 여기서 중요한 것은 변명 없이 잘못을 인정하는 것입니다. '하지만'이나 '그런데'로 사과 뒤에 다른 구실을 대면 진정성을 훼손할 수 있습니다. 상대방이 듣고 싶은 것은 변명이 아니라 당신의 솔직한 마음이기 때문입니다.

셋째, 구체적으로 사과하기

"그때 내가 화를 내서 기분 나빴지? 정말 미안해"처럼 구체적으로 잘못을 지적하며 사과하면 상대방은 당신이 문제를 제대로 인식하고 있다고 느낍니다. 이는 상대방의 감정을 더 깊이 공감하고 있다는 인상을 줍니다.

넷째, 문제 해결 의지 보이기

단순히 미안하다는 말로 끝내지 않고 "다음부터는 더 신중히 할게" 같은 구체적인 다짐을 덧붙이면 상대방은 당신이 진심으로 변화를 원한다고 느낍니다. 이는 사과를 통해 관계를 회복할 뿐 아니라 상대방에게 신뢰감을 더합니다.

"미안합니다"라는 말은 의례가 아닌 관계를 새롭게 시작하는 중요한 첫걸음입니다. 사과는 상대방의 상처를 치유하고 오해와 간극을 좁히며 더 깊은 관계를 만들 것입니다.

상대방이
인정받았다고
느끼도록 말하라

"너의 연기는 정말 대단했어. 그 장면은 너 없이는 완성되지 않았을 거야."

배우 브래드 피트는 자신이 출연한 영화의 성공 비결을 묻는 인터뷰에서 "모든 것은 팀워크의 결과다"라고 말하며, 촬영 현장에서 함께한 동료 배우들과 스태프들의 기여를 진심으로 인정했습니다. 그는 후배 배우들에게도 칭찬을 아끼지 않는 것으로 유명합니다. 그의 이러한 태도는 동료 배우들에게 신뢰와 존경을 심어 주는 중요한 요소였습니다.

"우리 팀의 각 구성원이 없었다면 이 역사적인 투어는 불가능했을 것입니다."

세계적인 팝 스타 비욘세는 그녀의 '르네상스 월드 투어'를 마무리하며 투어에 함께한 모든 스태프와 댄서에게 선물과 함께 진심 어린 감사를 표현했습니다.

"그는 단순한 배우가 아니라 내 예술적 동반자입니다."

영화감독 마틴 스콜세지는 오랫동안 함께 작업한 배우 로버트 드 니로를 공개 인터뷰에서 극찬했습니다. 두 사람은 서로를 깊이 신뢰하고 존중하고 인정하며 수십 년간 〈택시 드라이버〉, 〈좋은 친구들〉 등 여러 영화를 함께 만들었습니다.

사람들이 인정받고 싶어 하는 욕구는 '사회적 비교 이론'으로도 설명할 수 있습니다. 심리학자 레온 페스팅거는 사람들이 자신의 능력과 가치를 평가하기 위해 타인과 비교하려는 경향이 있다고 주장했습니다. 이 과정에서 긍정적인 피드백이나 인정은 개인의 자아 개념을 강화하며 자신에 대한 긍정적인 평가를 형성하는 데 중요한 역할을 합니다.

팀 프로젝트에서 "네 역할이 정말 컸어. 너 없었으면 이 결과를 낼 수 없었을 거야"라는 말을 해 준다면 상대방은 어떻게 생각할까요? 개인적인 만족을 넘어 자신의 위치를 긍정적으로 재확인하는 경험이 될 것입니다. 인정은 자신이 사회적으로 중요한 존재라는 느낌을 주며, 더 큰 성취를 위한 동기를 불러일으킵니다.

상대방의 역할과 가치를 구체적으로 인정하는 것은 사람들의 동기와 자신감을 얼마나 크게 자극하는지 보여 줍니다. 하지만 의외로 많은 사람이 남의 성과를 인정하는 데 인색합니다. "내가 먼저 인정하면 약점을 보이는 것 같아" 혹은 "괜히 자만하지 않을까?" 같은 생각이 이러한 태도를 부추기곤 합니다. 이런 생각은 개인적인 두려움이나 자존심에서 생기는 것일 수 있습니다. 한 가지 확실한 것은 이런 태도는 관계에 벽을 만들어 유대가 쌓이지 못하게 한다는 것입니다.

반면 남을 인정하는 말은 상대방에게 "당신은 중요한 사람입니다"라는 메시지를 전달하며 관계의 신뢰를 강화합니다. 인정받는 사람은 자신의 가치를 확인하고 더 큰 동기를 얻습니다. 그리고 이를 통해 긍정적인 상호 작용이 더욱 많아지는 선순환이 일어납니다.

인정받기 위해 인정하는
네 가지 방법

남을 인정하는 말투는 관계를 개선하고 신뢰를 쌓는 강력한 도구입니다. 심리학자 존 가트만의 연구에 따르면 긍정적인 상호 작용이 부정적인 상호 작용보다 다섯 배 이상 많을 때 관계가 더 안정적이고 행복하다고 합니다. 이는 단순히 좋은 말을 많이 해야 한다는 것이 아니라, 상대방의 기여와 장점을 인정하고 구체적으로 언급하는 말이 얼마나 중요한지를 시사합니다. 인정하는 말투에는 어떤 것들이 있을까요?

첫째, 구체적으로 인정하기

단순히 "잘했어"라고 말하기보다는 "이번 발표에서 당신의 요약 능력이 정말 돋보였어. 청중이 내용을 잘 이해할 수 있었던 건 너 덕분이야"처럼 구체적으로 칭찬하세요. 칭찬은 상대방이 자신의 노력을 더욱 가치 있게 여길 수 있도록 돕습니다.

둘째, 사소한 노력도 인정하기

'이 정도는 누구나 할 수 있는 일인데'라는 생각은 관계에 전혀 도움이 되지 않습니다. 대신 상대방의 작은 기여도 칭찬하세요. "오늘 청소해 줘서 고마워. 덕분에 집이 훨씬 깨끗해졌어"처럼 말해 보세요. 사소한 인정은 상대방의 하루를 특별하게 만듭니다. 그리고 이는 언제든 당신에게 돌아올 것입니다.

셋째, 공적인 자리에서 인정하기

공식적인 자리에서 상대방의 기여를 인정하면, 상대방뿐 아니라 주변 사람들에게도 신뢰를 심어 줄 수 있습니다. "이번 성과는 모두가 한 팀으로 이뤄 낸 결과입니다. 특히 당신의 분석 능력이 큰 역할을 했어요"라고 말해 보세요.

간단한 맞장구에도 영혼을 담아라

"그거 정말 좋은 아이디어네요. 계속 얘기해 주세요!"

유명 쇼 호스트 엘런 드제너러스는 인터뷰이의 마음을 사로 잡는 특유의 인터뷰 기술로 유명합니다. 그녀는 상대방이 하는 말에 맞장구를 치며 적극적으로 반응하고 대화의 흐름을 자연스럽게 이어 갑니다. "정말요? 그 부분 더 자세히 들려주세요" 같은 말을 통해 상대방에게 관심을 보이며 편안한 분위기를 만듭니다. 이러한 맞장구는 그녀가 대중에게 사랑받는 매력이 되었습니다.

맞장구는 대화를 풍성하게 하고 대화 상대에게 "당신의 이야기를 진심으로 듣고 있어요"라는 메시지를 전달합니다.

많은 사람이 대화를 할 때 맞장구를 치는 것에 소홀합니다. "괜히 오버한다고 느끼진 않을까?" 혹은 "내 생각을 말하는 게 낫지, 맞장구만 치면 존재감이 없을 거야"라는 생각 때문입니다. 하지만 이런 태도는 대화를 일방적으로 만들고, 상대방에게 무관심하다는 인상을 줄 수 있습니다.

앞서 언급했던 희망 이론은 사람들의 인정받고 싶어 하는 욕구와도 연결될 수 있습니다. 이 이론은 목표를 향한 동기와 긍정적인 피드백이 개인의 희망과 자아 효능감을 강화한다고 설명합니다. 그는 사람들이 목표를 설정하고 이를 달성하기 위해 노력하는 과정에서 중요하게 작용하는 것은 주변의 지지와 인정이라고 강조했습니다.

"이번 프로젝트를 통해 네가 정말 성장했어. 다음 단계도 분명히 잘해 낼 거야."

이런 피드백은 상대방에게 스스로를 믿고 더 나아가도록 유도하는 동기가 됩니다. 이는 목표를 이루기 위해 더 큰 희망을 갖도록 도와주는 역할을 합니다. 따라서 우리가 타인의 가치를 인정하고 이를 언어로 표현하는 행위는 친절을 넘어 목표 달성의 원동력이 되어 줄 것입니다.

대화를 풍요롭게 만드는
네 가지 방법

맞장구는 단순히 "아, 네"라고 영혼 없이 대답하는 것이 아닙니다. 적절하고 진심 어린 맞장구는 대화를 풍요롭게 만들며 상대방에게 '나는 당신에게 집중하고 있다'는 깊은 인상을 남길 수 있습니다. 대화 속에서 부드럽게 맞장구 치는 방법은 어떤 게 있을까요?

"정말요? 그때 많이 힘드셨겠어요."

상대방의 감정에 공감하는 맞장구는 대화를 더 따뜻하게 만듭니다. 이는 상대방에게 위로와 지지를 전달하며, 더 깊은 이야기를 나눌 수 있는 문을 열어 줍니다.

"와, 그 아이디어 정말 창의적이네요. 그런 접근은 생각해 본 적이 없어요."

단순한 "좋아요" 대신 상대방의 이야기를 구체적으로 짚어 주는 맞장구는 더 진심 어린 반응으로 느껴집니다. 이는 상대방에게 '이 사람은 내 이야기를 잘 듣고 있구나'라는 신뢰를 심어 줍니다.

"하하, 그 말 진짜 웃기네요! 어떻게 그렇게 말을 재밌게 하세요?"

가벼운 농담이나 재미있는 이야기에도 유머로 반응하면 대화 분위기를 한층 밝게 만들 수 있습니다. 웃음은 대화의 긴장을 풀고 더 활기찬 대화를 가능하게 합니다.

"그렇군요! 그럼 그다음엔 어떻게 하셨나요?"

맞장구는 대화를 확장하는 데 효과적입니다. 단순히 동의하는 데 그치지 않고, 상대방의 이야기를 더 이끌어 내는 질문은 대화의 깊이를 더합니다.

맞장구를 잘 치기 위해서는 진심 어린 관심과 경청이 필수입니다. 상대방의 말을 귀 기울여 듣고, 대화의 핵심과 감정을 파악하려고 노력하세요. 맞장구는 단순히 상대방의 말을 받아치는 것이 아니라 그 말에 가치를 부여하고 대화를 풍요롭게 만드는 기술입니다.

친구가 "요즘 일이 너무 많아서 힘들어"라고 말했을 때 "힘들겠네. 그래도 네가 그만큼 중요한 일을 하고 있는 거겠지"라고 격려를 전한다면, 친구는 자신의 노력이 인정받았다고 느끼고, 또 당신의 사려 깊은 마음에 감사할 것입니다.

'부탁드립니다'를 붙이면 거절할 일도 들어준다

"이 정책은 우리 모두의 삶을 개선하기 위한 것입니다. 함께 노력해 주시길 부탁드립니다."

1930년대 대공황 시기 미국 경제는 심각한 침체에 빠졌습니다. 당시 대통령이었던 프랭클린 D. 루스벨트는 경제 회복을 위해 '뉴딜 정책'을 추진하고자 했습니다. 그러나 의회와 국민의 지지를 얻는 데 어려움을 겪었습니다.

루스벨트는 강압적인 태도 대신 라디오 연설인 '노변담화'를 통해 국민들에게 직접 다가갔습니다. 그는 친근하고 공손한 말투로 정책의 필요성과 목표를 설명하며 국민들의 이해와 지지를 요청했습니다. 이런 접근은 국민들의 신뢰를 얻는 데 큰 도움이 되었고, 의회도 점차 그의 정책을 지지하게 되었습니다. 결국 뉴딜 정책은 성공적으로 시행되어 미국 경제 회복에 중요한 역할을 했습니다. 이 사례는 공손하고 진심 어린 요청이 대중의 지지와 협력을 이끌어 내는 데 얼마나 효과적인지를 보여 줍니다.

결국 내용만큼 중요한 건 태도다

우리가 부탁과 요청을 어려워하는 이유는 다양합니다. 많은 사람은 요청이 상대방에게 부담될까 봐 걱정하거나, 거절당할 때 느끼는 서운함과 어색함이 두려워 말을 꺼내지 못합니다. 또한 '부탁하면 약해 보인다'는 인식도 요청을 주저하게 만드는 이유 중 하나입니다.

심리학자 애덤 갈린스키의 연구에 따르면 사람들은 요청을 받았을 때 우리의 막연한 생각과 반대로 훨씬 긍정적으로 반응하곤 합니다. 하지만 요청자가 이 점을 과소평가하기 때문에 불필요한 부담을 느끼고 요청 자체를 포기하는 경우가 많습니다.

중요한 것은 요청의 태도, 즉 말투입니다. 성공적인 요청은 몇 가지 핵심 요소를 포함합니다. "부탁드립니다"로 끝내는 대신 상대방의 입장을 배려하는 말투로 접근해야 하죠. 요청하는 말투에는 다양한 방법이 있습니다.

"이 프로젝트 좀 도와주세요."
⇨ "이 부분에서 2시간 정도만 도와주시면 정말 큰 도움이 될 것 같아요."

첫째, 구체적이고 명확하게 말하세요. 구체적인 요청은 상대방이 해야 할 일을 명확히 이해하게 해 주며, 부담감을 줄여 줍니다.

"이것 좀 부탁드릴게요."
⇨ "당신의 경험이 이 문제를 해결하는 데 큰 도움이 될 것 같아요."

둘째, 상대방의 장점을 인정하며 시작하세요. 상대방의 가치를 인정하며 대화를 시작하면 요청을 더 긍정적으로 받아들일 가능성이 높아집니다.

"당신이 이번 작업에 꼭 필요해요."

⇨ "이걸 함께 해내면 좋은 결과를 만들 수 있을 것 같아요."

셋째, 상호 이익을 강조하세요. 요청이 상호 협력으로 보이게 하는 것이 효과적입니다.

모든 요청의 끝에는 "고맙습니다", "감사합니다"가 덧붙는 것이 좋습니다. 요청이 거절되었을 때도 마찬가지입니다. 이는 상대방에게 당신의 진심을 느끼게 하고 요청을 받아들일 동기를 높이는 중요한 요소입니다.

효과적인 요청을 위해서는 먼저 스스로의 요구를 명확히 이해하는 것이 중요합니다. 막연한 부탁보다는 구체적이고 명확한 요청이 상대방의 부담을 줄입니다. 또한 요청을 받는 상대방의 입장에서 접근하는 말투를 사용하는 것도 기본이 되어야 합니다.

4장

일이
쉬워지는
똑똑한 말투

구체적으로 말하면 이해도가 30% 증가한다

"어제 회의에서 나온 안건 중에, 그… 첫 번째 거 있잖아. 그 거 어떻게 진행되죠?"

이 질문을 받은 상대방의 얼굴을 상상해 보세요. 당황하거 나 혼란스러운 표정이 떠오르지 않나요? 질문자가 무슨 말을 하고 싶은지 짐작은 가지만, 구체적으로 무엇을 물어보는지 정확히 알 수 없어 답하기 어려울 겁니다. 이런 상황에서 상대 방은 답변을 준비하기보다는 오히려 상황을 되짚으며 질문을 다시 정리해야 할지도 모릅니다.

"어제 회의에서 논의한 첫 번째 안건, 예산 할당안은 어떻게 진행되고 있나요?"

반면에 이렇게 질문한다면 상대방은 금방 질문의 의도를 파악하고 바로 필요한 정보를 제공할 수 있을 겁니다.

일상에서도 명확하게 대화해야 합니다. 예를 들어 친구와의 대화에서 이런 상황을 떠올려 보세요.

"지난번에 얘기했던 그 식당 말이야. 거기 예약했어?"
"어떤 식당 말하는 거야? 무슨 얘긴지 잘 모르겠는데."
"아, 그… 홍대에 있는 일본 라멘집 있잖아. 우리가 전에 가기로 했던 곳."

처음부터 '홍대에 있는 일본 라멘집'이라고 명확히 말했다면 상대방은 한 번에 알아듣고 답했을 것입니다. 우리 모두는 상대방의 입장에서 한 번 더 생각해 보는 작은 노력이 필요합니다. 이런 배려는 불필요한 오해나 불편함을 줄이는 데 큰 도움이 됩니다. 결국 모두가 효율적으로 시간을 활용할 수 있게 되는 것이죠.

명확하기 말하기 위한
세 가지 요소

명확한 말투는 단순히 말을 잘하는 기술이 아닙니다. 상대방이 의도를 쉽게 이해하고 빠르게 반응할 수 있도록 돕는 강력한 소통 도구입니다. 이는 직장에서 특히 중요합니다. 직장에서 명확한 말투가 얼마나 중요한지 보여 주는 대표적인 인물이 바로 손석희 아나운서입니다. 그는 뉴스 진행자로서 복잡하고 방대한 정보를 간결하고 명확하게 정리해 대중에게 품격 있게 전달하는 데 탁월한 능력을 보여 줍니다.

"이 사안은 단순히 주가 변동에 그치지 않고, 앞으로의 산업 구조에도 영향을 미칠 수 있습니다."

그의 말투는 정보를 전달하는 데 그치지 않고, 대중의 신뢰를 얻고, 메시지의 본질을 명확히 드러냅니다. 정치적 이슈나 사회적 논란을 보도할 때는 주관적인 견해를 배제하고 객관적 사실만을 중심으로 논점을 정리합니다. 또한 말투는 군더더기 없이 간결하고, 시청자들이 이해하기 쉽게 핵심을 짚어 전달합니다.

그의 뉴스 진행 방식은 심리학적 개념인 '사회적 정보 처리 이론'과도 잘 맞아떨어집니다. 이 이론은 사람들이 주어진 정보를 해석할 때 명확하고 일관된 메시지가 더 효과적이라는 점을 강조합니다. 명확한 말투는 수용자가 불필요한 해석을 하지 않도록 정보를 깔끔히 정리해 제공합니다. 이는 상대방이 정보를 신속하고 정확하게 이해하도록 돕고, 결과적으로 신뢰와 설득력을 높이는 데 기여합니다.

명확한 말투를 위해 기억해야 할 세 가지는 '핵심 전달', '구체적 표현', 그리고 '자신감 있는 톤'입니다.

우선 군더더기를 제거하고 중요한 메시지에 집중하세요. "내일 회의 준비를 해 주세요"보다는 "내일 오전 10시 회의를 위해 프레젠테이션 자료를 준비해 주세요"라고 말하면 상대방이 해야 할 행동이 더 명확해집니다.

자신감 있는 톤은 메시지의 설득력을 높입니다. "이 방향으로 가는 것이 좋을까요?"보다는 "이 방향으로 진행하면 성공 가능성이 높습니다"라고 표현하면 듣는 사람이 더 신뢰할 수 있습니다.

명확한 말투는 대화의 품질을 높이고 소통의 효율성을 강화하며, 관계를 더욱 긍정적으로 변화시킬 수 있는 강력한 도구입니다. 심리학 연구에 따르면, 명확하고 구체적인 언어를 사

용한 보고서는 독자의 이해도를 평균적으로 30% 이상 향상시
킨다고 합니다. 오늘부터 구체적인 표현과 자신감 있는 어조
로 말하는 연습을 시작해 보세요.

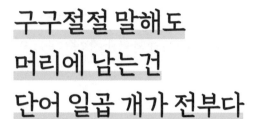

구구절절 말해도
머리에 남는건
단어 일곱 개가 전부다

"이 자료는 오늘 오후 5시까지 제출해 주세요."

성공적인 커뮤니케이션은 간결한 의사소통에서 시작됩니다. 복잡한 설명은 혼란을 낳고 불필요한 수식어는 메시지를 약하게 만듭니다. 반면 간단한 말은 의도를 정확히 전달하며, 신뢰와 효율성을 동시에 높입니다. 간결한 말투는 직장에서 특히 큰 힘을 발휘하며, 협업과 문제 해결에서도 중요한 역할을 합니다.

복잡한 표현은 오해를 부르고, 쓸데없는 말은 신뢰를 갉아먹습니다. 반면 간단하고 직관적인 표현은 믿음직합니다. "이 프로젝트, 다음 주까지 끝냅시다"처럼 핵심만 딱 집어 말하면 대화가 더 깔끔해지고, 상대방도 바로 이해할 수 있죠.

간결함은 단순히 말을 줄이는 게 아닙니다. 상대방의 머릿속에 명확한 그림을 그려 줘야 합니다. 길고 복잡한 말을 늘어놓기 전에 한 번 생각해 보세요.

'내가 하고 싶은 말의 핵심은 무엇이지?'

그리고 한 문장으로 딱 정리해 보세요. 당신의 말 한마디가 신뢰를 얻는 순간을 체감할 수 있을 겁니다. 모든 일에서 그렇지만 시간 관리가 중요한 업무 환경에서는 핵심만 전달하는 것이 특히 중요합니다.

"회의는 3시에 시작합니다. 10분 전까지 준비해 주세요."

간단한 지시는 불필요한 질문을 줄이고 업무를 효율적으로 만듭니다. 이는 또한 오해와 갈등을 줄이고, 모두가 같은 방향으로 움직이게 돕습니다.

항상 메시지의
핵심에 집중하라

심리학자 조지 밀러의 '매직 넘버 이론'에 따르면, 인간의 작업 기억은 한 번에 약 일곱 개의 정보만 처리할 수 있습니다. 복잡한 문장은 작업 기억에 과부하를 일으켜 메시지를 왜곡하거나 잊게 만듭니다. 반면 간단한 문장은 과부하를 줄이고 기억과 이해가 쉬워집니다.

배우 이서진은 예능 프로그램에서도 냉철하고 간결한 멘트로 흐름을 잡는 능력을 보여 줍니다. 출연진이 장난을 치며 계획에서 벗어날 때 "그럼 이거부터 하고 놀자"라는 현실적인 한마디로 모두를 집중시킵니다. 그의 담백한 태도와 판단력은 시청자들에게 신뢰를 주고, 프로그램의 완성도를 높입니다.

"아이폰은 전화, 음악 플레이어, 인터넷 브라우저가 하나로 합쳐진 제품입니다"

스티브 잡스는 한 문장으로 기술을 쉽게 이해시키며 효과적인 프레젠테이션의 전형을 보여 주기도 했습니다.

간결한 말투를 연습하려면 메시지의 핵심부터 전달하세요.

예를 들어 "다음 주 금요일까지 보고서를 제출해 주세요"라고 바로 요점을 언급하면 상대방이 메시지를 더 빠르게 이해할 수 있습니다.

긴 설명은 줄이고 한두 문장으로 요약하는 것도 중요합니다. "이 자료는 회의 전에 검토해 주세요"처럼 짧고 명확한 문장은 대화의 혼란을 줄입니다.

또한 불필요한 수식어를 줄이고, 목소리와 자세를 안정적으로 유지하는 것도 효과적입니다. "생각합니다" 대신 "이렇게 해야 합니다"로 말해 자신감을 더하세요.

마지막으로, 중요한 메시지는 반복하세요. "금요일까지 마감입니다. 다시 말하지만, 금요일이 마감일입니다"처럼 핵심을 강조하면 상대방이 잊지 않고 기억하게 됩니다.

'해라'보다 강한 '해 주세요'

"다음엔 더 잘하자."

"이번에도 고생 많았어. 조금만 보완하면 더욱 완벽해질 것 같아."

두 문장은 비슷한 내용을 담고 있지만, 듣는 사람은 완전히 다르게 받아들일 수 있습니다. 후자가 훨씬 따뜻하고 긍정적으로 들리죠. 이런 차이를 만들어 내는 것이 바로 쿠션 언어입니다.

"모두 이 순간을 위해 정말 최선을 다했어요. 조금만 더 노력하면 우리 모두가 자랑스러워할 결과를 만들 수 있겠어요."

쿠션 언어는 단어와 표현 사이에 부드러움을 더해 주는 일종의 완충제입니다. 세계적인 팝스타 테일러 스위프트는 인터뷰에서 직접적인 비판을 하지 않는 것으로 유명합니다. 그녀는 공연 중 문제가 생겼을 때도 상황을 긍정적으로 풀어냅니다. 그녀의 이런 태도는 팀의 사기를 유지하고, 더 좋은 결과로 이어지는 원동력이 되었습니다.

강함보다 부드러움이 좋은 네 가지 이유

쿠션 언어는 감정을 상하지 않게 하면서도 하고 싶은 말을 효과적으로 전달할 수 있는 강력한 도구입니다. 특히 갈등 상황이나 민감한 주제를 다룰 때 그 진가를 발휘합니다. 이는 단순한 예의 표현이 아닙니다. 심리학적으로 쿠션 언어는 '관계 중심적 의사소통'과 깊은 관련이 있습니다. 사람들이 비판을 받거나 지적받을 때 무의식적으로 자신을 방어하려는 경향이 있습니다. 이때 쿠션 언어는 방어 기제를 완화하고 메시지를 더 효과적으로 전달할 수 있도록 돕습니다.

예를 들어 영화 제작자가 촬영 중 배우의 연기에 문제가 있다고 느꼈을 때 "그렇게 하지 마세요"라고 지적한다면 배우는 불쾌감을 느낄 수 있습니다. 하지만 "이 부분은 이렇게 표현하면 더 강렬한 장면이 될 것 같아요. 한번 시도해 보실래요?"라고 제안하면, 배우는 자신의 연기를 개선할 의지를 더 쉽게 가질 수 있습니다.

이처럼 쿠션 언어는 갈등을 완화하고 대화를 더 긍정적인 방향으로 이끕니다. 쿠션 언어의 장점은 크게 네 가지입니다.

첫째, 갈등 완화

딱딱하거나 직설적인 말은 상대방에게 긴장감을 줄 수 있습니다. 쿠션 언어는 이런 긴장감을 줄이고, 대화를 원활하게 이끌어 갑니다.

둘째, 관계 개선

부드러운 표현은 상대방에게 존중받고 있다는 느낌을 줍니다. 이는 신뢰와 협력을 높이는 데 큰 도움을 줍니다.

셋째, 자신감 유지

부드럽게 말하는 것은 타인을 위한 것만이 아닙니다. 자신의 의도를 명확히 전달하면서도 심리적 부담을 줄이는 효과를 줍니다.

넷째, 생산성 향상
부드러운 말투로 의견을 제시하면, 상대방이 더 적극적으로 협력하게 되어 문제 해결 속도가 빨라집니다.

쿠션 언어는 대화에서 부드러움을 더하며 관계를 긍정적으로 변화시키는 강력한 힘을 가집니다. 한마디 말이 관계를 깊게 만들 수도, 어색하게 만들 수도 있습니다. 오늘부터 대화에서 완충 역할을 하는 쿠션 언어를 써 보세요. 당신의 말 한마디가 상대방에게 따뜻한 인상을 남기고, 더 나아가 관계를 성장시키는 씨앗이 될 것입니다.

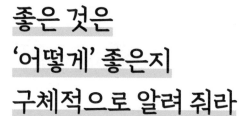

좋은 것은 '어떻게' 좋은지 구체적으로 알려 줘라

"팀장님, 제가 맡은 이번 프로젝트, 잘했는지 모르겠습니다."

"잘했어요."

"어떤 부분이요?"

"그냥…. 대체적으로요."

이런 대화는 직장에서 흔히 볼 수 있습니다. 하지만 피상적인 피드백은 받는 사람에게 실질적인 도움이 되지 않습니다. 구체적이고 실질적인 피드백은 상대방을 성장시키고 팀의 성과를 높이는 중요한 기술입니다.

단순한 칭찬이나 모호한 조언보다는 구체적이고 명확한 피드백이 개인과 조직 모두를 발전시키는 데 효과적입니다.

"이번 프로젝트에서 당신의 분석이 돋보였어요. 특히 A 부분이 아주 유용했어요. 다음에는 B 부분을 좀 더 구체적으로 표현하면 더 좋을 것 같아요."

직장에서 피드백은 업무를 진행하는 것뿐 아니라 팀워크와 개인 성장을 위해 필수적입니다. 피드백을 효과적으로 하기 위해서는 상대방의 긍정적인 점과 개선이 필요한 점을 균형 있게 언급하는 것이 중요합니다. 그럼 피드백을 받는 사람이 방어적인 태도를 취하지 않고 앞으로 나아가야 할 명확한 방향성을 이해할 수 있겠죠.

피드백을 받을 때의 태도 역시 매우 중요합니다. "네, 알겠습니다" 같은 단답형 답변은 다소 소극적으로 보일 수 있으므로 "조언 감사합니다. 앞으로 더 신경 쓰도록 하겠습니다"처럼 감사와 개선 의지를 담은 답변이 효과적입니다. 피드백을 긍정적으로 수용하는 자세는 성장 가능성이 큰 사람으로 보이게 합니다. 장기적으로는 커리어 발전에도 긍정적인 영향을 미칠 수 있습니다.

좋은 피드백은
좋은 행동을 반복하게 한다

피드백은 개인의 성장뿐만 아니라 팀의 문화를 바꾸는 데도 영향을 미칩니다. 긍정적이고 명확한 말투는 팀워크의 기반이 되는 신뢰를 쌓고, 갈등 상황에서도 원만한 해결을 이끌어 내며, 팀원들에게 동기를 부여합니다. 이는 업무의 효율성은 물론 소통력도 높입니다.

'피드백 루프 이론'에 따르면, 피드백은 개인이 자신의 행동 결과를 인식하고 이를 바탕으로 행동을 조정할 수 있도록 돕습니다. 예를 들어 학생이 교사로부터 시험 결과에 대한 구체적인 피드백을 받으면 학습 전략을 조정해 더 나은 성과를 낼 수 있습니다.

또한 긍정적인 피드백은 행동을 반복하도록 동기를 부여합니다. "이번 발표는 정말 깔끔하고 설득력이 있었어요"라는 말은 상대방이 좋은 발표를 계속하려는 의욕을 느끼게 합니다. 이처럼 피드백은 행동의 방향성을 제시하고, 성과를 향상시키는 데 강력한 역할을 합니다.

보정 속옷의 대명사 스팽스의 창립자 사라 블레이클리는 피드백을 '가장 큰 선물'로 여기며 이를 통해 자신의 경영 방식을 지속적으로 발전시켰습니다. 그녀는 직원들과 고객들로부터 받은 피드백을 바탕으로 제품과 서비스를 개선하며 스팽스를 글로벌 브랜드로 성장시켰습니다. 이는 피드백이 조직과 개인 모두에 긍정적인 변화를 가져올 수 있음을 보여 주는 훌륭한 사례입니다.

"이번 보고서에서 데이터를 구체적으로 잘 정리했어요. 특히 시각 자료가 설득력을 더했습니다."

구체적인 피드백은 신뢰를 강화하는 데 효과적입니다. 이는 상대방에게 인정받는다는 느낌을 주고 더 나은 성과를 이끌어 낼 동기를 제공합니다. 반대로 모호한 피드백은 갈등을 초래하거나 혼란을 줄 수 있습니다.

피드백을 효과적으로 주고받으려면 구체적이고 긍정적인 언어를 사용하는 것이 중요합니다. 상대방의 성과를 인정하면서도 개선점을 명확히 제시하는 균형 잡힌 피드백을 연습하세요.

"좋아요."
⇨ "이 보고서에서 데이터를 시각적으로 잘 정리했어요."

"잘했어요."

⇨ "이 부분을 정량적 수치로 보완하면 완벽할 거예요."

"알겠습니다."

⇨ "감사합니다. 다음에 더 잘 준비하겠습니다."

피드백은 서로의 관점을 이해하고, 더 나은 방향으로 나아갈 기회를 제공합니다. 이는 개인뿐 아니라 팀 전체에 긍정적인 변화를 가져옵니다.

말하는 대로 행동하고 행동하는 대로 말하라

"그 사람은 진짜 말이 일관성이 없어."

"왜?"

"어제는 일을 미루지 말자고 하더니, 오늘은 이건 나중에 하자고 하잖아."

    일상 속 대화에서 우리는 종종 일관성 없는 말로 인해 신뢰가 무너지는 경험을 합니다. 반대로 일관된 말투를 사용하는 사람은 상대방에게 신뢰를 주고, 대화의 중심을 잡아 줍니다. 일관된 말은 신뢰를 쌓는 가장 기본적인 요소입니다. 우리는 한결같은 말과 행동을 보이는 사람에게 더 많은 호감을 갖고, 대화 속에서도 편안함을 느낍니다. 예를 들어 누군가 자신의 가치관과 목표를 꾸준히 드러낸다면 우리는 그 사람의 말에 더 귀를 기울이고 설득력을 느낍니다. 일관성은 같은 이야기를 반복하는 것이 아닙니다. 자신의 신념과 목표, 그리고 정체성을 대화에서 자연스럽게 드러내는 것입니다.

테레사 수녀는 평생을 가난하고 병든 사람들을 위해 봉사하며 '가난한 이들을 돕는 사랑'이라는 일관된 메시지를 전달했습니다. 그녀는 말뿐 아니라 행동으로 그 메시지를 구현했기에 전 세계 사람들에게 깊은 신뢰와 존경을 받았습니다. 자신이 강조한 가치를 매일의 삶 속에서 실천하며, 겸손하고 헌신적인 태도를 유지했습니다.

그녀는 노숙자와 빈민들을 직접 돌보고, 치료가 필요한 사람들에게 손을 내밀었으며 그들의 고통을 덜어 주는 데 앞장섰습니다. 그녀의 메시지는 "돕자"라는 말에 그치지 않고 전 세계 사람들에게 영감을 줬습니다.

테레사 수녀의 사례는 말과 행동의 일치가 어떻게 신뢰를 강화하고 메시지에 설득력을 더할 수 있는지를 잘 보여 줍니다. 그녀의 일관된 사랑과 봉사의 태도는 많은 사람에게 귀감이 되었으며, 희망과 감동을 전해 주는 대표적인 인물로 기억되고 있습니다.

심리학에서 '상호성의 원칙'은 일관된 말투가 관계 형성에 중요한 역할을 한다는 점을 강조합니다. 사람들은 자신이 받은 만큼 상대에게 돌려주려는 경향이 있습니다. 즉 존중과 일관된 말투로 대하는 사람은 상대방으로부터도 비슷한 태도를 이끌어 낼 가능성이 높습니다.

예측 가능하고 신뢰할 수 있는 메시지를 전달하는 사람은 사회적, 직업적, 개인적 관계에서 더 많은 신뢰와 지지를 받습니다. 사람들은 변덕스럽고 일관성이 없는 사람보다 태도와 행동이 명확하고 일관된 사람을 더 신뢰합니다. 이는 말에서 끝나는 것이 아니라 그 말이 삶에서 실현되는 모습을 통해 더욱 강화됩니다.

피겨 스케이팅 선수 김연아는 그 대표적인 사례로 손꼽힙니다. 그녀는 인터뷰에서 항상 노력과 성실함이라는 가치를 강조했습니다. 이는 그녀의 삶 전체에 깊이 배어 있는 철학으로, 그녀의 태도와 행동에서도 일관되게 드러났습니다.

김연아는 세계 정상급 선수로서 끝없이 도전하고 끊임없이 자기 자신을 발전시키는 모습을 보여 줬습니다. 자신이 강조한 노력과 성실을 말로만 이야기하는 것이 아니라 실제 경기

준비 과정, 훈련, 그리고 대회에서의 모습을 통해 몸소 실천했습니다. 이러한 일관성과 진정성으로 그녀는 한 시대를 대표하는 롤 모델로 자리 잡았습니다.

일관된 태도는
관계를 더 견고하게 한다

일관성은 자신의 가치관과 목표에서 시작됩니다. 대화에서 중요한 메시지는 초반에 명확히 전달하며, 그 방향을 꾸준히 유지해야 합니다. "책임감 있게 맡은 일을 끝까지 해내는 것이 중요합니다"라는 메시지를 지속적으로 강조하는 리더라면 자신 또한 말에 그치지 않고 행동으로 보여 줘야 합니다. "시간을 지키는 것이 중요하다"고 말한 사람이라면, 스스로 시간을 지키는 모습을 보여 줘야 합니다.

대화 중 자신의 메시지가 상대방에게 어떻게 전달되었는지 확인하는 것도 중요합니다. "제 말이 잘 전달되었나요?"라고 물으면 대화의 오해를 줄이고 메시지의 일관성을 더욱 강화할 수 있습니다. 핵심 메시지는 두 번 이상 반복하며 대화에서 강조하는 것이 효과적입니다. 중요한 점을 일관되게 전달하는 사람은 그들의 신뢰를 얻고, 관계를 더욱 강화할 수 있습니다.

일관성 있는 말투는 신뢰와 관계의 기반을 만듭니다. 자신의 가치관과 목표를 꾸준히 표현하는 사람은 주변의 지지를 받고, 더 강력한 설득력을 발휘할 수 있습니다. 일관된 메시지는 단순한 반복이 아니라 자신의 정체성과 신념을 대화에서 보여 주는 것입니다. 이를 통해 당신은 더욱 신뢰받는 사람이 될 것입니다.

말에도
'골든 타임'이
있다

"이거 말해도 되나?"

"왜, 중요한 얘기야?"

"음… 지금은 좀 아닌 것 같아."

우리는 대화 중에 망설일 때가 많습니다. 같은 말이라도 적절한 순간에 하면 기회를 만들지만, 잘못된 타이밍에 하면 기회를 잃을 수도 있고 오해와 갈등도 초래할 수 있습니다. 타이밍은 말의 효과를 극대화합니다. 그만큼 대화에서 중요한 요소 중 하나입니다. 적절한 순간에 던진 한마디는 상대방의 마음을 움직이고 문제 해결의 실마리를 제공할 수 있습니다. 반면 아무리 옳은 말이라도 부적절한 타이밍에 하면 역효과를 낳습니다.

상황에 맞게 끼어들고, 빠져야 할 때 빠지는 센스는 대화 기술일 뿐만 아니라 건강한 인간관계를 유지하는 핵심이 됩니다. 회식 자리에서 분위기를 띄우는 말 한마디, 새로운 모임에서 경청하며 자연스럽게 어울리는 태도는 긍정적인 타이밍의 좋은 예시입니다. 반대로 슬픈 자리에서 분위기를 깨는 농담이나, 진지한 회의 중에 사적인 이야기를 꺼내는 것은 타이밍을 놓친 부정적인 예시입니다.

무엇을 말하느냐만큼 언제 말하느냐가 중요하다

심리학에서는 타이밍이 인간의 감정과 의사결정에 큰 영향을 미친다고 봅니다. 아모스 트버스키와 대니얼 카너먼의 '전망 이론'에 따르면, 사람이 정보를 받아들이는 방식은 상황에 따라 다르게 작동합니다. 우리는 긍정적인 상태일 때 메시지를 더 효과적으로 받아들이곤 합니다. 회의에서 칭찬과 제안을 같은 순간에 결합하면 메시지가 더 강하게 전달될 가능성이 높습니다. 반면 부정적인 상황에서는 메시지 자체의 설득력보다 전달 시점이 더 중요한 역할을 합니다.

직장 상사가 피곤하거나 스트레스를 받는 상황에서 중요한 제안을 한다면 그 제안이 충분히 고려되지 않을 수 있습니다. 이럴 때는 상사의 상태를 관찰하고, 더 편안한 시점에 접근하는 것이 좋습니다. 상사가 여유로울 때 이렇게 말할 수 있을 것입니다.

"말씀드릴 사항이 있는데, 언제 시간이 괜찮으신가요?"

동료가 업무에 몰두하고 있는 상황에서 개인적인 부탁을 한다면, 동료는 이를 부담스럽게 느낄 수 있습니다. 이럴 때는 동료의 업무 상황을 고려하여, 휴식 시간이나 업무가 한창 끝난 후에 접근하는 것이 좋습니다.

"잠시 시간이 날 때 이야기를 나눌 수 있을까요?"

이러한 접근 방식은 상대방의 감정과 상황을 존중하는 태도를 보여 주며 대화의 효과를 높이는 데 도움이 됩니다.

타이밍을 잘 잡는 것은 대화를 잘하는 기술일 뿐만 아니라 상대방의 상태를 이해하고 그들의 감정과 상황을 존중하는 태도이기도 합니다.

말할 순간을 신중하게 선택하는 사람은 상대방에게 배려와 존중의 인상을 남깁니다. 타이밍을 잘 맞추기만 해도 갈등을 줄이고 협력적인 분위기를 만들죠. 결국 적절한 타이밍을 맞추는 것은 효과적인 의사소통과 건강한 인간관계를 이루는 데 중요한 기술이라 할 수 있습니다.

마이클 조던은
어떻게 NBA 정상에
오를 수 있었을까

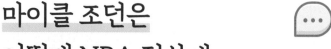

"오늘 이 일은 어려울 거야."

"하지만 우리가 해낼 수 있어. 시도해 보자."

"그럴 수 있을까? 그래, 해 보자!"

우리가 일상적으로 사용하는 말은 생각과 태도, 그리고 삶의 결과를 형성합니다. "나는 할 수 없다"는 말은 우리를 주저앉게 하지만, "나는 할 수 있다"는 말은 성공을 향한 동기를 불러일으킵니다. 성공한 사람들은 자신과 타인에게 긍정의 씨앗을 심는 말투를 통해 더 나은 결과를 만들어 갑니다. 오늘날 많은 리더와 성취자가 보여 주는 사례처럼 성공의 첫걸음은 말투에서 시작됩니다.

성공하는 말이란 자기 신뢰를 키우고 목표 지향적 사고를 강화하며, 타인에게도 동기를 부여하는 힘을 가진 언어를 뜻합니다. 긍정적이고 명확한 언어는 행동을 변화시키고 성공을 끌어냅니다.

성공하는 사람들은
성공을 입으로 되뇌인다

"나는 슛을 놓칠 때마다 더 강해진다."

마이클 조던은 역사상 가장 위대한 농구 선수로 불리지만, 그의 성공은 수많은 실패와 좌절을 딛고 이루어진 것이었습니다. 그는 경력 동안 결정적인 순간에 수많은 슛을 놓치기도 했고 이는 팀의 패배로 이어진 적도 많았습니다. 하지만 조던은 실패를 두려워하지 않았습니다. 그는 긍정적인 자기 암시를 통해 자신을 다잡고 실패를 도약의 기회로 삼았습니다.

조던은 경기에서 패배하거나 중요한 순간을 놓치면 좌절하는 대신 그 상황을 철저히 복기하며 더 나아지기 위한 교훈을 얻었습니다. 이 과정에서 그는 끊임없이 되뇌었습니다.

"실패는 성공의 일부다. 내가 포기하지 않는다면 이 경험은 결국 나를 더 위대하게 만들 것이다."

그의 이러한 태도는 끊임없는 훈련과 개선으로 이어졌고, 결국 여섯 번의 NBA 챔피언십 우승과 다수의 MVP 수상을 하며 자신의 가치를 입증했습니다.

마이클 조던의 성공 비결은 뛰어난 운동 능력에만 있지 않았습니다. 실패를 마주했을 때의 긍정적인 마음가짐과 이를 극복하려는 끈기가 그의 경력을 빛나게 한 가장 중요한 원동력이었습니다.

성공하는 말은 자신감을 북돋을 뿐만 아니라 행동을 변화시키는 힘이 있습니다. 심리학자 조지 레이코프는 "우리의 언어가 사고방식을 형성하고, 이는 곧 행동으로 이어진다"라고 말했습니다. 긍정적인 언어는 뇌의 도파민 분비를 증가시켜 동기를 유발하고 스트레스를 완화합니다. "나는 해낼 수 있어" 같은 말은 미래에 관한 기대가 실제 현실로 이루어지는 경향성을 지칭하는 '자기 충족적 예언'을 강화하며, 성공적인 결과를 이끌어 냅니다. 긍정적인 자기 충족적 예언의 예시들을 살펴보겠습니다.

"너무 힘들어."

⇨ "이건 내 성장의 기회야."

"나는 실패할 거야."

⇨ "나는 실패를 통해 더 나아질 거야.

"어떻게 할지 모르겠어"

⇨ "시간만 있다면 알아낼 수 있을 거야."

"이 일을 도대체 왜 해야 하는 거지?"

⇨ "이건 내 목표를 이루는 중요한 단계야."

"나중에 하면 안 될까?"

⇨ "지금 시작하면 결과를 얻을 수 있어."

"아직 멀었어."

⇨ "지금 여기까지 온 것만으로도 대단해."

"과연 네가 할 수 있을까?"

⇨ "너는 이미 충분히 잘하고 있어."

오늘부터 "나는 할 수 있다", "이 도전은 성공의 시작이다" 같은 말들을 스스로에게 해 보세요. 긍정의 언어가 여러분의 태도와 결과를 변화시키는 열쇠가 될 것입니다.

남을 설득하고 싶다면 근거와 맥락을 준비하라

"이번 프로젝트는 우리 팀에게 매우 중요한 기회입니다. 그만큼 시간과 자원을 조금 더 투입해야 한다고 생각해요. 추가 지원을 요청드리고 싶습니다."

"왜 그렇게 생각하죠?"

"우리 경쟁사 데이터를 보시면, 비슷한 프로젝트에 성공한 사례가 있습니다. 우리도 그 방향으로 진행하면 더 큰 성과를 낼 수 있습니다."

직장에서 흔히 볼 수 있는 설득의 장면입니다. 그러나 많은 사람이 설득에 실패하곤 합니다. 이유는 간단합니다. 설득의 논리가 충분히 명확하지 않거나, 상대방의 입장을 고려하지 않았기 때문입니다.

논리적인 설득은 자기 주장만 펼치는 것이 아닙니다. 상대방의 관점에서 문제를 바라보고, 근거와 이유를 통해 자연스럽게 동의를 이끌어 내는 말투가 핵심입니다.

많은 경우 설득이 실패하는 이유는 상대방의 관점과 맥락을 고려하지 않기 때문입니다. 자신에게만 유리한 근거를 들거나 감정적으로 설득하려다 보면 상대방은 방어적인 태도를 취하게 됩니다.

예를 들어 "이건 꼭 필요해요"라는 말은 요청을 강조할 뿐 설득력이 없습니다. 하지만 "이 과정이 없다면 결과물의 품질이 낮아질 가능성이 큽니다. 이를 통해 더 나은 결과를 얻을 수 있습니다"라고 근거를 제시하면 상대방은 더 설득력 있게 느낄 것입니다.

심리학자 로버트 치알디니는 설득의 원리를 설명하며, 근거와 맥락의 중요성을 강조했습니다. 특히 일관성과 사회적 증거는 설득 과정에서 중요한 요소로, 명확한 이유와 타당한 사례를 들어 상대방의 공감을 끌어내는 데 필수적입니다.

상대를 설득할 때 필요한
세 가지 요소

"이 방식이 더 나아요."

⇨ "이 방식이 더 나은 이유는 비용이 20% 절감되고, 효율성이 15% 증가하기 때문입니다."

구체적인 근거를 제시하세요. 설득은 감정이 아니라 구체적인 데이터와 사례로 뒷받침될 때 더욱 강력해집니다.

"이건 우리가 필요해서 하는 거예요."

⇨ "이 과정을 통해 당신도 프로젝트 결과를 더 잘 활용할 수 있을 거예요."

상대방의 입장에서 이야기하세요. 상대방이 설득의 결과로 얻는 이점을 강조하면 동의를 얻기가 쉬워집니다.

"다른 팀도 이렇게 했어요."

⇨ "지난 프로젝트에서 A 팀이 이 방식을 사용했고, 30% 더 높은 성과를 냈습니다."

사회적 증거를 활용하세요. 유사한 사례를 제시하면 상대방은 설득 내용을 더 신뢰하게 됩니다.

밋밋한 대화에는
스토리텔링으로
양념을 더하라

"제가 그 프로젝트를 맡았을 때요, 솔직히 너무 막막했어요. 그런데 하나씩 해내다 보니, 결과가 생각보다 좋았어요. 결국 팀 전체가 성과를 인정받게 됐죠. 이 경험을 바탕으로 이번에도 도전하고 싶습니다."

유명 기업의 한 임원이 프레젠테이션 중에 한 이야기입니다. 그는 "저에게 기회를 주세요"라고 조르기보다 과거 성공 사례를 통해 자신의 가능성을 자연스럽게 전달했습니다. 이처럼 스토리텔링은 상대방의 공감을 끌어내고 설득력을 높이는 강력한 도구로 사용되곤 합니다.

스티브 잡스 역시 신제품을 발표할 때마다 이야기로 청중을 사로잡았습니다.

"우리 모두가 주머니 속에 넣을 수 있는 1,000곡짜리 음악 도구를 상상해 보세요."

이 한 문장은 아이팟의 개념을 간단히 전달하면서도 사람들의 상상력을 자극해 설득을 이끌어 냈습니다.

이야기는 인간의 뇌가 정보를 처리하는 자연스러운 방식입니다. 뇌과학 연구에 따르면 우리의 뇌는 사실보다 서사가 담긴 이야기를 들을 때 도파민이 분비되어 더 오래 기억되고, 감정적으로 깊이 각인된다고 합니다.

예를 들어 "이 제품은 품질이 좋습니다"라는 말보다 "이 제품을 쓴 고객이 얼마나 만족했는지 직접 들려드릴게요"라는 이야기가 훨씬 설득력 있게 느껴지는 것입니다. 이는 스토리가 청중의 감정을 자극해 논리적 설득보다 더 강한 영향을 주기 때문입니다.

심리학자 제롬 브루너는 "사람들은 단편적인 팩트보다 이야기로 포장된 정보를 22배 더 잘 기억한다"라고 말합니다. 이는 상대방이 '나도 그럴 수 있다'고 공감하게 만들기 때문입니다.

이야기에 서사를 담는
네 가지 방법

원하는 것을 얻는 스토리텔링에는 전략이 필요합니다.

"우리 제품이 더 훌륭합니다."

⇨ "지난번 고객이 이 제품을 사용하고 매출을 30% 늘릴 수 있었습니다."

구체적이고 개인적인 사례는 상대방이 더 쉽게 공감할 수 있습니다.

"꼭 이렇게 해야 합니다."

⇨ "저희 팀은 처음엔 어려움을 겪었지만, 이 방법으로 극복했습니다. 지금도 효과를 보고 있습니다."

문제를 제시하고 해결 과정을 이야기하면 상대방은 설득에 더 쉽게 동의합니다.

"이건 정말 중요한 문제입니다."

⇨ "지난번, 저희 고객 중 한 분이 이 시스템 덕분에 큰 위기를 넘겼다는 이야기를 들었습니다. 이건 단순한 도구가 아니라 생존의 열쇠였습니다."

감정을 자극하는 것도 효과적입니다. 감정적 연결은 스토리를 강력하게 만듭니다.

"이건 좋은 기회입니다."

⇨ "이 선택이 우리 팀에게 어떤 미래를 가져올지 상상해 보세요. 새로운 시장, 더 많은 고객, 더 큰 성과를 말입니다."

미래를 구상해 주세요. 상상력을 자극하면 설득력이 배가됩니다.

스토리텔링을 잘 활용하려면 상대방이 공감할 수 있는 소재를 선택하는 것이 중요합니다. 예를 들어 자원을 요청할 때 "이것이 필요한 이유는 단순합니다"라고 말하기보다 "작년에 유사한 프로젝트에서 이 자원을 투입해 성공을 거둔 사례가 있습니다"라고 말하면 더 설득력 있게 들립니다.

또한 이야기의 중심은 화자에게서 벗어나 청자와 공동체를 향하는 것이 보다 효과적입니다. "제가 한 일은…"으로 시작하기보다 "우리 모두가 얻을 수 있는 결과는…"이라는 접근이 더욱 효과적입니다.

'Yes'보다
중요한
'No'의 힘

"이번 프로젝트에 참여해 주실 수 있을까요?"

"정말 좋은 기회 같네요. 하지만 현재 업무 일정으로 인해 참여가 어렵겠습니다. 다음 기회에 꼭 함께할 수 있으면 좋겠습니다."

단호하면서도 부드러운 거절은 관계를 해치지 않고, 상대방이 거절을 받아들이게 만듭니다. 그러나 잘못된 거절은 갈등과 오해를 초래할 수 있습니다.

영화 배우 엠마 왓슨은 한 인터뷰에서 지나치게 많은 행사 초대를 받는 상황에 대해 이렇게 말했습니다.

"모두를 만족시키고 싶었지만, 그럴 수 없다는 걸 깨달았어요. 이제는 제게 진정으로 중요한 일에만 집중하려고 해요."

그녀는 단호하게 자신의 우선순위를 밝히면서도 상대방의 기분을 헤아리는 태도로 존중했습니다.

우리는 상대방의 기대를 저버리면 관계에 악영향을 미칠까 봐 두려워 거절을 망설입니다. 심리학에서는 이를 '사회적 승인 욕구'로 설명합니다. 인간은 본능적으로 타인에게 인정받고 싶어 하며, 거절을 이를 위협하는 행동으로 느낀다는 것입니다.

하지만 무조건적인 수용은 개인의 한계를 넘어서게 해 결국 관계에도 부정적인 영향을 미칩니다. 잘못된 수락은 업무 과부하, 불필요한 스트레스, 그리고 관계에서의 불신으로 이어질 수 있습니다.

효과적으로 거절하는
네 가지 방법

"정말 좋은 제안이네요."
⇨ "이런 기회를 주셔서 감사합니다. 하지만 이번에는 참여

가 어려울 것 같습니다."

감사에서 출발해 보세요. 감사는 상대방의 감정을 존중하는
태도를 보여 줍니다.

"그건 못 할 것 같아요."
⇨ "현재 다른 프로젝트가 진행 중이라 시간이 부족합니다."

단호하지만 지나치게 길지 않은 이유를 제시하세요. 간결한
이유는 신뢰를 높이고, 불필요한 논쟁을 줄입니다.

"당장은 진행할 수 없습니다."
⇨ "다음 달에는 시간이 가능할 것 같습니다. 그때 논의해 보
면 어떨까요?"

거절과 함께 가능한 다른 방향을 제시하세요. 대안은 상대
방에게 배려의 메시지를 전달합니다.

"그건 절대 안 돼요."
⇨ "이번에는 어려울 것 같아요."

"싫어요"처럼 직접적이고 차가운 표현은 피하고, 대신 부드러운 말투를 활용해 보세요.

효과적인 거절 방법은 상대방에게 '나는 당신을 존중한다'는 메시지를 전하는 것입니다. 단호하지 못한 거절은 오히려 혼란을 초래하고, 지나치게 냉정한 거절은 관계를 악화시킬 수 있습니다. 거절의 핵심은 단호함과 배려의 균형을 유지하는 것입니다.

5장

자존감이
올라가는
건강한 말투

자존감이 떨어질 때 꼭 해야 할 말, 나는 할 수 있어

"나 진짜 이 일과 맞지 않는 것 같아."

"왜? 그런 말 하지 마."

"그냥, 내가 별로 쓸모없는 사람처럼 느껴져서."

우리는 종종 스스로를 깎아내리는 말을 무심코 내뱉곤 합니다. 이런 말들은 자존감을 낮추고 자신에 대한 신뢰를 흔듭니다. 반대로 나의 가치를 높이는 말투는 자신감을 되찾는 강력한 도구가 됩니다.

말 한마디는 스스로를 어떻게 대하는지 보여 주는 신호와도 같습니다. 자존감을 키우기 위해 우리는 자신에게 어떤 말을 건네고 있는지 점검해야 합니다.

자존감은 자신을 소중히 여기고 자신의 능력을 믿는 마음입니다. 자존감이 높은 사람은 자신의 가치를 제대로 인식하며 도전적인 상황에서도 흔들리지 않습니다. 반면 자존감이 낮으면 자기를 부정적으로 인식하고 인간관계나 사회생활에서도 어려움을 겪기 쉽습니다.

심리학자 로버트 하우스는 자존감을 '자신의 가치와 능력에 대한 신념'으로 정의하며 이는 개인의 행동과 결정에 큰 영향을 미친다고 강조합니다. 특히 자존감은 자신을 대하는 말투에서 시작됩니다. 내가 나에게 어떻게 말하느냐에 따라 스스로에 대한 인식이 달라지는 것입니다.

"당신이 누구인지, 무엇을 할 수 있는지 알고, 자신만의 목소리를 내세요."

《새장에 갇힌 새가 왜 노래하는지 나는 아네》의 저자이자 미국에서 영향력 있는 흑인 여성 중 한명으로 꼽히는 작가 마야 안젤루는 많은 사람에게 자신의 가치를 깨닫도록 격려했습니다. 그녀의 말은 개인이 자존감을 높이고, 자신의 이야기를 세상에 당당히 표현하도록 독려합니다. 심리학자 앤젤라 더크워

스의 연구에서도 "자신감 있는 말투로 목표를 이야기할 때 그 목표에 더 가까워진다"라고 강조합니다. 그녀의 '그릿' 개념은 끈기와 열정이 성공을 이루는 핵심 요소임을 보여 줍니다. 결국 자신감 있는 말투와 태도가 목표를 향해 나아가는 강력한 동력이라 할 수 있습니다.

긍정적 자기 대화의 놀라운 힘

자존감은 '긍정적 자기 대화'와 깊은 연관이 있습니다. 긍정적 자기 대화란 스스로에게 긍정적인 언어를 사용하며 자신을 격려하는 방법입니다. 예를 들어 "나는 충분히 할 수 있어"라는 말은 부정적인 자기 인식을 줄이고, 긍정적인 사고방식을 형성하는 데 도움을 줍니다. '사회 비교 이론'에 따르면 우리는 종종 타인과 비교하며 스스로를 깎아내리는 경향이 있습니다. 이런 비교에서 벗어나기 위해서는 자신의 장점을 언어로 표현하는 연습이 필요합니다. "나는 오늘 내가 계획했던 일을 해냈다" 같은 말은 성취감을 높이고 자존감을 강화합니다.

자존감을 높이는 말은 단순한 격려가 아닙니다. 이는 자기 자신을 사랑하고, 자신의 가치를 인정하는 행동입니다. 스스로를 대하는 방식은 인간관계에도 영향을 미칩니다. 자신을 존중하는 말투는 타인에게도 긍정적인 인상을 남기며, 신뢰와 존중을 불러일으키기 때문입니다.

 매일 아침 거울 앞에서 스스로에게 "나는 충분히 가치 있는 사람이다"라고 말해 보세요. 처음엔 어색할지 모르지만, 이런 반복은 자존감을 높이는 강력한 시작점입니다. 부정적인 말 대신 긍정적인 언어를 사용하는 것은 하나의 습관입니다. 습관이 반복되면 자존감은 자연스럽게 성장하게 됩니다. 당신의 말이 당신의 가치를 정의합니다. 그렇다면 어떤 말을 선택하시겠습니까?

가능하다고 말할수록 가능성이 올라간다

"난 안될 거야."

"왜 그렇게 생각해? 해 보지도 않고 포기할 거야?"

"그냥… 늘 실패했으니까."

이런 대화가 익숙하다면 당신은 부정적인 자기 암시에 사로 잡혀 있을 가능성이 큽니다. 하지만 스스로에게 긍정적인 말을 건네는 작은 연습만으로도 삶은 놀랍도록 변화할 수 있습니다. 긍정적인 자기 암시는 스스로를 변화시키는 강력한 내적 대화입니다.

자기 암시는 자신에게 긍정적인 메시지를 반복적으로 전달해 무의식을 변화시키는 과정입니다. 긍정적인 자기 암시는 우리 마음속에 긍정의 씨앗을 뿌립니다. '자기 충족적 예언'은 자신이 믿는 바가 현실로 이루어질 가능성을 높인다고 설명합니다. 긍정적인 암시는 이 원리를 기반으로 자신감을 키우고 삶의 방향을 바꾸는 도구로 작용합니다.

일본의 축구 선수 혼다 케이스케는 어린 시절부터 "나는 세계 최고의 축구 선수가 될 것이다"라고 스스로에게 반복해서 되뇌었습니다. 그의 자기 암시는 단순한 다짐에 그치지 않고, 행동으로 이어져 그의 꿈을 이루는 원동력이 되었습니다.

긍정적 자기 암시의 놀라운 힘

심리학적으로 긍정적인 자기 암시는 강력한 효과를 발휘합니다. 뇌는 반복적인 언어를 받아들여 행동과 감정을 변화시키는 특징이 있습니다. 예를 들어 "나는 오늘도 해낼 수 있다"라고 스스로에게 말하면 뇌는 긍정적인 감정을 활성화하고 부정적인 스트레스를 완화하는 방향으로 반응합니다.

심리학자 바버라 프레드릭슨은 '확장 구축 이론'을 통해 긍정적인 감정이 우리의 사고와 행동 범위를 넓히고 장기적으로 더 나은 결과를 가져온다고 설명합니다. 긍정적인 언어와 감정은 우리의 뇌를 열어 창의적인 사고와 문제 해결 능력을 강화합니다. 단순히 스트레스를 줄이는 것을 넘어 새로운 가능성을 발견하고 지속적인 성장을 돕는 역할을 하는 것입니다.

긍정적인 언어를 사용하는 사람들은 부정적인 상황에서도 대안을 찾아내는 데 능숙합니다. "이건 불가능해"라는 말 대신 "다른 방법이 있을 거야"라고 표현할 때 우리의 뇌는 가능한 대안을 탐색하며 더 창의적인 해결책을 모색하게 됩니다. 이런 태도는 개인뿐 아니라 팀 단위에서도 생산성을 높이고 협력 관계를 강화하는 데 효과적입니다.

실제로 직장에서 긍정적인 언어를 사용하는 리더는 직원들에게 더 높은 동기와 신뢰를 줍니다. 한 연구에 따르면 "이 문제를 해결할 수 있을 것 같아?"라는 부정적인 질문보다 "우리가 함께 노력하면 이 문제를 충분히 해결할 수 있어"라는 확신에 찬 표현이 팀의 협력과 성과를 40% 이상 향상시킨다고 합니다. 이는 긍정적인 말투가 대화의 흐름을 바꾸고 결과를 실질적으로 변화시키는 데 강력한 영향을 미친다는 것을 보여줍니다.

긍정적인 언어의 힘은 기분을 전환하는 데 그치지 않습니다. 우리의 뇌를 더 활발히 작동하도록 자극하며 장기적으로 더 나은 결과를 만들어 냅니다. 오늘부터 "이건 어렵다" 대신 "이건 새로운 기회야"라는 긍정적인 언어를 사용해 보세요. 당신의 말투가 당신의 사고를 확장시키고, 더 나은 행동으로 이어질 것입니다.

긍정적인 자기 암시는 부정적인 자기 대화를 대체하는 강력한 도구입니다. "나는 못할 거야"라는 말을 "나는 할 수 있어"로 바꿔 보세요. 간단한 전환이 당신의 사고방식과 행동을 완전히 변화시킬 것입니다. 처음에는 어색하게 느껴질지라도, 반복과 실천을 통해 점차 말투와 사고방식이 바뀌는 것을 경험할 수 있습니다.

스스로에게 긍정의 씨앗을 심으세요. 씨앗은 자신감과 행복이라는 열매를 맺을 것입니다. 매일 아침 거울 앞에서 자신에게 따뜻한 말을 건네는 작은 실천이 당신을 더 나은 방향으로 변화시킬 것입니다.

그다음을 기대하게 하는 말, 기회는 충분히 많아

"왜 이것밖에 못했어?"

"나는 내가 가진 시간과 자원 안에서 최선을 다했는걸."

우리는 종종 자신에게 지나치게 엄격한 잣대를 들이대곤 합니다. 더 잘했어야 한다는 마음, 더 완벽했어야 한다는 생각이 머릿속을 지배할 때 자신을 인정하고 위로하는 일은 점점 더 어려워집니다. 하지만 완벽주의를 내려놓고 스스로에게 "괜찮다"고 말하는 것은 자신을 이해하고 또 사랑하는 출발점이 됩니다.

완벽주의는 성장을 방해하는 장애물 중 하나입니다. "내가 더 잘할 수 있었는데"라는 말은 자신감을 꺾고, 자신을 비난하게 만듭니다. 반면 "지금의 상황에서 최선을 다했어"라는 말은 완벽주의의 무게를 내려놓고 현실을 받아들이는 데 도움을 줍니다. 완벽주의를 내려놓는 말투는 실패나 부족함을 탓하는 대신 자신이 노력한 과정을 인정하는 데 초점을 맞춥니다.

실패를 두려워하지 않는 수용의 말 습관

스스로를 위로하는 말은 마음이 편안해지는 것을 넘어 행동을 지속할 동기를 제공합니다. 심리학자 브레네 브라운은 '자기 수용'이 실패를 두려워하지 않는 용기를 키운다고 강조합니다. 자신을 비난하기보다 인정하고 다독이는 태도가 오히려 더 큰 성취를 끌어낸다는 것입니다.

"우리가 여기까지 해 온 과정 자체가 소중하다. 실패는 성공으로 가는 중요한 디딤돌이다."

일론 머스크는 과거 스페이스X의 첫 세 번의 로켓 발사가 실패했을 때 큰 좌절을 겪었습니다. 그러나 그의 긍정적인 태도는 네 번째 로켓 발사를 성공으로 이끌었고, 스페이스X를 세계적인 우주 항공 기업으로 성장시킬 수 있었습니다.

"완벽하지 않아도 괜찮아"라고 스스로에게 말해 보세요. 이는 자신을 해방시키는 강력한 선언입니다. 누구나 한계와 부족함을 갖고 있습니다. 중요한 것은 그 한계를 받아들이고, 최선을 다했음을 인정하는 것입니다.

완벽주의의 굴레에서 벗어나기 위해서는 우리의 마음가짐을 조금씩 변화시키는 것이 중요합니다. 결과에 집중하기보다는 과정을 칭찬해 주세요. 결과가 기대에 미치지 못하더라도 "과정에서 배운 것도 많아. 다음엔 더 나아질 거야"라고 스스로를 격려해 보세요. 이처럼 작은 변화가 긍정적인 성장을 이끌어 줄 것입니다.

스스로에게 따뜻한 말을 건네는 것도 중요합니다. "나는 왜 항상 부족하지?"라는 부정적인 생각 대신, "지금 내가 가진 자원 안에서 충분히 잘했어"라고 말해 보세요. 이는 자신을 인정하고 스스로를 더욱 아껴주는 방법입니다.

현재의 한계를 인정하는 태도도 필요합니다. "왜 못했지?"라고 자책하기보다는, "이 정도로도 충분해. 앞으로 더 해볼 기회가 있으니까"라고 긍정적인 관점으로 상황을 바라보는 것이 더 유익합니다.

스스로에게 친절한 언어를 사용하는 것도 잊지 말아야 합니다. "완벽하지 않으면 안 돼"라는 강박을 내려놓고, "완벽하지 않아도 괜찮아. 충분히 잘하고 있어"라고 스스로를 다독여 주세요. 이러한 긍정적인 언어는 삶을 더욱 풍요롭게 만들어 줄 것입니다.

마지막으로, 현재의 모습을 인정하며 성장하는 마음을 가져야 합니다. "지금은 부족해"라는 생각을 버리고, "이만큼도 해낸 내가 대견해. 더 나아질 기회가 있어"라고 스스로를 격려해 보세요. 이런 태도는 새로운 도전에 나아갈 힘을 줄 것입니다.

완벽주의를 내려놓으면 마음은 한결 가벼워지고, 더 큰 도전에 나아갈 힘을 얻게 될 것입니다. 지금 이 순간부터 자신에게 더 친절해지기로 다짐해 보세요. 변화는 항상 작은 실천에서 시작됩니다.

힘들 때 나를 살리는 말, 곧 나의 날이 온다

"왜 나만 이렇게 힘든 거지?"
"다들 이런 상황을 겪어. 괜찮아질 거야."
"그래도 너무 버겁다… 어떻게 해야 할지 모르겠어."

어려움은 누구에게나 찾아옵니다. 그 순간 어떤 말을 건네느냐에 따라 그 어려움을 극복할 힘이 생기기도 하고, 반대로 더 깊은 좌절에 빠지기도 합니다. 어려움을 수용하는 말은 현실을 인정하고 해결책을 찾아가는 출발점입니다. 이는 상황을 인정하는 데서 끝나지 않고, 감정과 상황을 있는 그대로 받아들임으로써 더 나은 대처 방안을 모색할 수 있게 합니다.

"위기는 기회로 가는 문이다. 실패는 성장의 과정이다."

세계적인 기업가 손정의는 수많은 실패와 위기를 겪으면서도 이를 수용하며 배움을 얻었습니다. 그의 말은 어려움을 피하기보다 이를 기회로 전환하는 태도를 잘 보여 줍니다.

심리학 연구에 따르면 어려움을 수용하는 태도는 '회복 탄력성'을 키웁니다. 하버드의과대학교의 연구에서는 어려움을 회피하는 사람들보다 이를 수용하는 사람들이 스트레스 호르몬 수치가 낮고, 문제 해결 능력이 더 뛰어나다고 밝혔습니다. "이 상황은 쉽지만은 않지만 내가 배울 수 있는 부분이 분명 있을 거야" 같은 수용적 언어는 뇌의 긍정적인 신경 연결을 강화시켜 더 큰 문제 해결 능력을 키웁니다.

세계적인 테니스 선수가 패배 후 자신에게 한 말

우리는 수용적 언어를 통해 스스로를 다독이고, 감정을 안정시킬 수 있습니다. 수용적 언어는 우리 마음의 평화를 유지하고, 스트레스를 완화하는 데 중요한 역할을 합니다.

또한 수용은 회피보다 훨씬 더 나은 대처 방안을 찾게 합니다. 심리학자 타라 브랙은 '근본적인 수용'이라는 개념을 통해 현실을 있는 그대로 받아들이는 것이 고통을 줄이고 성장의 발판이 된다고 설명했습니다. 이는 현재 상황을 회피하거나 부정하지 않고, 긍정적으로 대처할 수 있는 심리적 힘을 키우는 데 중요한 역할을 합니다.

"오늘은 나의 날이 아니었어. 다음번엔 더 잘할 수 있어."

세계적인 테니스 선수 세레나 윌리엄스는 부진한 경기 후 자책하는 대신 자신을 다독이곤 했습니다. 그녀는 실패를 현실로 받아들이는 동시에 그 경험을 성장의 기회로 삼았습니다. 이런 수용적 태도는 그녀가 오랜 커리어 동안 꾸준히 정상의 자리를 유지할 수 있었던 원동력이 되었습니다.

뇌과학적으로도 수용적 언어는 우리의 스트레스를 줄이고 더 나은 선택을 가능하게 합니다. 수용의 언어를 사용하는 순간 뇌의 편도체는 과잉 반응을 멈추고 전두엽이 활성화되어 상황을 더 이성적으로 평가할 수 있습니다. 반복적으로 "괜찮아, 이 상황에서도 배울 점이 있을 거야"라는 말을 하면 뇌는 부정적인 감정의 영향을 덜 받고 해결 능력을 강화합니다.

수용적 언어는 관계에서도 놀라운 변화를 가져옵니다. 팀워크를 중시하는 환경에서 누군가 실수를 했을 때 "왜 이런 실수를 했어?"라고 비난하기보다 "이런 일이 발생했지만, 다음엔 우리가 어떻게 하면 좋을까?"라고 질문하면 상대방은 방어적인 태도를 버리고 개선 방향에 집중하게 됩니다. 이는 단순히 갈등을 줄이는 데 그치지 않고 팀원 간의 신뢰와 협력을 강화하는 효과를 만듭니다.

결국 수용적 언어는 상황을 받아들이고 합리화하는 것이 아니라 더 나은 길로 나아가는 시작점이 됩니다. 어려운 순간에는 자신에게 이렇게 말해 보세요.

"이 또한 지나갈 것이며 시련은 나를 더 강하게 만들 거야."

이는 불안과 스트레스를 잠재우고, 당신이 나아갈 방향을 명확히 하는 데 도움을 줄 것입니다. 수용적 언어를 통해 삶의 도전과 기회를 새로운 시각으로 바라보세요. 그것이 당신의 변화를 시작하는 힘이 될 것입니다.

삶의 어려움은 피할 수 없지만 태도는 선택할 수 있습니다. 오늘부터 스스로에게 수용의 언어를 건네 보세요. 그 언어가 당신을 더 강하고 지혜롭게 만들 것입니다.

감사를 주고받을수록 힘이 더 커진다

"오늘 정말 힘들었어."

"그렇겠지. 그런데 너 덕분에 오늘 일이 훨씬 더 나아졌어."

"내가? 그런 말 들으니까 힘이 나네."

감사는 우리가 가진 것들을 새롭게 보게 하고, 일상의 가치를 되찾게 합니다. 작은 감사의 말 한마디는 하루를 새롭게 바꾸고 더 나아가 삶의 질을 높이는 열쇠가 됩니다. 감사는 긍정적인 감정을 증폭하고, 스트레스를 완화하며, 관계를 풍요롭게 만드는 강력한 도구입니다.

리더가 조직 내에서 감사의 말을 전하는 것은 단순한 의례를 넘어 조직 문화를 강화하고 팀의 결속을 다지는 데 중요한 역할을 합니다. 예를 들어 한 회사의 CEO가 회식 자리에서 직원들에게 이렇게 말한다고 상상해 보세요.

"여러분 모두가 각자의 자리에서 정말 최선을 다해 주신 덕분에 우리가 오늘 이 자리에서 함께할 수 있게 되었습니다. 여러분의 역량과 열정이 없었다면 이런 성과는 결코 가능하지 않았을 것입니다. 진심으로 감사드립니다."

이런 말은 직원들의 노력을 인정하고 그들의 기여가 조직의 성공에 직접적으로 연결되어 있다는 점을 분명히 전합니다. 직원들은 자신들이 인정받고 있다는 느낌을 받을 때 리더에 대한 신뢰는 물론이고 조직에 대한 소속감까지 강해집니다. 이는 구성원들의 마음에 깊은 울림을 주며 그들이 더 큰 동기를 가지고 업무에 임하도록 만드는 강력한 촉매제가 됩니다.

이런 경우 감사는 리더십에 대한 신뢰를 강화합니다. 직원들은 리더가 자신들의 노력을 눈여겨보고 그것을 언급하며 감사할 때 그 리더를 더 신뢰하게 됩니다. 이 신뢰는 단순히 감정적인 유대감을 넘어 팀이 어려운 상황에 직면했을 때도 리더의 지시를 흔들림 없이 따르게 하는 강력한 기반을 제공합니다.

스트레스가 낮아지는 감사의 기적

"오늘 당신의 도움 덕분에 프로젝트가 원활히 진행되었어요. 감사합니다."

이런 말은 상대방에게 자신의 기여가 가치 있다는 메시지를 전달하며, 더 나은 성과를 위한 동기를 유발합니다.

감사는 인간관계에서도 놀라운 변화를 가져옵니다. 직장에서 "당신이 이 일을 맡아 줘서 큰 도움이 됐어요. 정말 감사드립니다"라고 전하는 순간 상대방은 자신의 가치를 인정받았다는 느낌을 받으며 더 큰 동기를 얻습니다. 친구에게 "네가 내 이야기를 들어 줘서 정말 고마워"라고 말하면 우정이 깊어질 것입니다. 가족에게 "아침에 나를 챙겨 줘서 고마워"라고 말하면 관계의 온도가 한층 따뜻해질 수 있습니다.

우리는 자신에게도 감사를 표현하는 연습이 필요합니다. 하루가 끝날 때 거울을 보며 "오늘도 힘든 하루를 잘 버텨 줘서 고마워"라고 말해 보세요. 처음에는 어색할지 몰라도, 이런 말은 반복될수록 자존감과 삶의 만족감이 높아집니다. 스스로에게 감사하는 습관은 자신감과 긍정적인 자기 인식을 강화하며 스트레스와 불안을 줄이는 효과도 있습니다.

감사의 자신과 타인을 연결하고, 삶의 의미를 재발견하는 시작점입니다. 오늘부터 주변 사람들에게 그리고 스스로에게 따뜻한 감사의 말을 건네 보세요.

감사의 언어는 당신의 일상에 새로운 빛을 더할 것입니다. 감사는 작은 실천에서 시작하지만 그 영향은 당신의 삶 전반에 깊은 긍정적 변화를 만들어 냅니다.

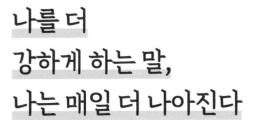

나를 더
강하게 하는 말,
나는 매일 더 나아진다

"새로운 프로젝트에 배치됐어."

"좋은 기회 아니야? 해 보자!"

"하지만 익숙하지 않아서 두려워."

변화는 우리에게 불안감을 줍니다. 그러나 변화를 두려워하지 않는 말투는 그 불안감을 희망으로 바꾸고, 자신을 더 나은 방향으로 이끌어 갑니다.

변화는 인생의 필연적인 부분입니다. 변화를 두려워하고 과거에 안주하면 성장을 가로막고 삶의 활력을 잃게 됩니다. 하지만 변화를 받아들이고, 적극적으로 그 안에서 기회를 찾는 사람들은 더 큰 성취를 이루고 만족감을 느낍니다.

"나는 도전하지 않으면 답답해서 살 수 없다."

배우 윤여정은 변화를 두려워하지 않는 태도로 한국 영화사와 세계 영화계에 깊은 인상을 남긴 인물입니다. 그녀는 자신의 삶과 커리어를 도전으로 정의했습니다. 데뷔 초 연기자로서의 입지를 다지던 그녀는 결혼 후 은퇴했지만, 이혼이라는 개인적 위기를 맞고 다시 연기자로 복귀하면서 변화를 받아들이는 용기와 유연함을 보여 줬습니다. 복귀 후 그녀는 기존의 틀에 갇힌 이미지 대신 다양한 캐릭터에 도전하며 관객들에게 새롭게 다가갔습니다.

특히 윤여정은 나이나 경력에 얽매이지 않고 꾸준히 새로운 작품에 도전했습니다. 그녀는 "나이는 숫자일 뿐, 연기는 계속 배우고 성장하는 과정"이라며 연기에 대한 끊임없는 배움을 강조했습니다. 이런 태도는 그녀를 세계적인 배우로 이끄는 원동력이 되었습니다. 결국 〈미나리〉에서 선보인 열연으로 아카데미 여우조연상을 수상하며 한국 배우로서 세계 영화사에 새로운 페이지를 열었습니다. 그녀는 수상 소감에서 이렇게 말했습니다.

"나는 경쟁을 싫어한다. 하지만 오늘은 내가 운이 좋았다."

　윤여정의 경력은 변화를 두려워하지 않고 새로운 기회를 포착하며 끝없이 성장해 나가는 과정 그 자체였습니다. 그녀의 이야기는 연기뿐만 아니라 모든 분야에서 도전을 망설이는 이들에게 큰 영감을 줍니다.

말투로 변화를 즐겁게 받아들이는 방법

"이 변화는 나를 더 강하게 만들 것이다."

　미시간대학교의 연구에 따르면 변화를 긍정적으로 받아들이는 말투를 사용하는 사람들은 스트레스를 덜 느끼고 변화에 더 잘 적응한다고 합니다. 긍정적인 언어는 실제 행동과 성과에도 긍정적인 영향을 미치는 것입니다.

　긍정적인 말투는 변화를 학습과 성장의 기회로 받아들이도록 도와줍니다. "이 변화는 나를 성장시킬 것이다"라는 말은 뇌에 긍정적인 신호를 보내 새로운 도전에 대한 용기를 북돋웁니다. 반면 "이 변화를 감당할 수 없을 것 같다"라는 말은 스트레스를 가중하고 행동을 위축시킬 수 있습니다.

변화를 두려워하지 않는 말투는 자신을 성장으로 이끄는 강력한 도구입니다. "나는 이 도전을 받아들일 준비가 되었다"는 말은 당신에게 자신감과 동기를 제공합니다. 새로운 상황이 두렵다면, 그 두려움을 성장의 증거로 받아들이고 앞으로 나아가 보세요.

변화는 인생의 일부입니다. 긍정적인 말 한마디가 변화에 대한 두려움을 줄이고, 새로운 기회를 향해 나아가게 합니다. 오늘부터 스스로에게 "이 변화는 나를 더 나아지게 할 것이다"라고 말하며, 새로운 가능성에 마음을 열어 보세요.

용기를 북돋는 말에 사람이 따른다

"이번엔 정말 잘했어!"

"지난번보다 훨씬 발전했네요."

"너는 항상 최선을 다하는 모습이 참 멋져."

진심 어린 칭찬과 격려는 자신감을 북돋우고, 더 큰 도전을 하게 만드는 힘을 갖고 있습니다. 따뜻한 말 한마디가 상대방의 하루를 밝히고, 나아가 삶의 방향까지 바꿀 수 있습니다. 당신은 최근 누군가에게 힘을 주는 말을 건넨 적이 있나요?

북돋는 말투는 장점을 발견하고, 가능성을 열어 줍니다. 자신감을 북돋고 긍정적인 변화를 이끌어 냅니다. 예를 들어 "수 고했어"보다 "네가 이번 프로젝트에서 창의적인 아이디어를 낸 덕분에 결과물이 정말 좋아졌어" 같은 구체적인 칭찬은 상대방에게 자신의 기여를 인식하게 합니다.

지지할 때 가장 크게 성장한다

미국의 전 대통령 존 F. 케네디는 "우리는 어려운 것을 선택합니다. 그것이 우리에게 더 큰 가능성을 열어 줄 것이기 때문입니다"라고 말하며, 국민들에게 도전의 가치를 심어 줬습니다. 그의 말은 단순한 목표 제시를 넘어 희망과 자신감을 불러일으켰습니다.

"I Have a Dream(나에게는 꿈이 있습니다)."

마틴 루터 킹 주니어의 연설 또한 북돋는 말의 대표적인 예입니다. 그는 '우리는 함께 이룰 수 있다'는 메시지를 통해 어려운 현실에서도 사람들에게 용기와 희망을 심어 줬습니다. 그의 말은 변화를 이끌어 내는 강력한 언어였습니다.

심리학자 알프레드 아들러는 "사람은 자신이 중요하다고 느낄 때 가장 잘 성장한다"라고 말했습니다. 북돋는 말투는 크게 세 가지로 살펴볼 수 있습니다. 구체적이고 진심 어린 표현, 미래의 가능성을 제시하는 표현, 긍정적 감정을 자극하는 표현이 그 예시입니다.

"넌 잘하고 있어."
⇨ "네가 이번에 낸 아이디어는 정말 창의적이었어."

"이건 실패야."
⇨ "이번 경험은 다음 성공에 큰 자산이 될 거야."

"힘들지 않아?"
⇨ "지금까지 정말 잘해 왔어. 내가 도울 게 있을까?"

오늘부터 주변 사람의 장점을 찾아 칭찬하고 진심 어린 격려로 매일을 더욱 빛나게 만들어 보세요. 당신의 따뜻한 말 한마디가 다른 사람의 삶을 바꾸는 시작이 될 수 있습니다.

실수를 기회로, 기회를 성장으로 바꾸는 말

"도대체 왜 그랬지? 내가 정말 멍청했어."
"그땐 그렇게 할 수밖에 없었잖아. 누구나 실수를 하는걸."

누구나 실수를 합니다. 하지만 많은 사람이 실수를 과장하며 자책에 빠지곤 합니다. 영화감독 봉준호는 수상 소감에서 이렇게 말한 적이 있습니다.

"영화 제작은 끊임없는 실수의 연속이었어요. 하지만 그 실수들이 모여 지금의 제가 되었습니다."

그의 말처럼 실수는 우리의 성장과 창의력을 이끌어 내는 밑거름이 될 수 있습니다. 중요한 것은 실수를 대하는 태도와 말투입니다.

실수를 바로잡는 말 습관 세 가지

심리학자 앨버트 엘리스의 '합리적 정서 행동 치료 이론'은 우리가 실수를 받아들이지 못하는 이유를 설명합니다. 이 이론에 따르면, 인간은 비합리적인 신념에 의해 자신과 상황을 평가하며 불필요한 스트레스와 자기 비난에 빠질 때가 많습니다. "나는 실수해서 실패한 사람이야"라는 생각은 비합리적이고 극단적인 사고에서 비롯된 것으로, 이는 불안과 좌절을 증폭시킵니다.

한 직장인이 중요한 발표에서 실수를 한 뒤 "이 발표 때문에 동료들에게 신뢰를 잃었을 거야. 나는 어떻게 이런 일도 못할까"라고 스스로를 비난한다고 가정해 봅시다. 이런 생각은 단 한 번의 실수가 그 사람의 전체 가치와 능력을 정의하는 오류를 범하게 만듭니다. 이로 인해 자신감은 점점 더 낮아지고 비난과 좌절의 고리는 더욱 강해집니다.

이 이론은 이런 생각을 바꾸는 방법을 제안합니다. 실수를 개인의 정체성이나 가치를 판단하는 기준이 아닌 성장과 학습의 기회로 보는 관점을 가지는 것입니다.

"이번 발표에서 실수했지만, 그로 인해 내가 어떤 부분을 개선해야 할지 알게 되었어."

이런 말투는 감정적 부담을 줄이고 실수를 성장의 발판으로 활용할 수 있도록 돕습니다. 엘리스의 이론은 우리에게 실수를 있는 그대로 받아들이고 비합리적인 신념 대신 현실적이고 균형 잡힌 관점을 선택하라고 권합니다.

때로는 사회적 시선이 실수를 받아들이기 어렵게 만들기도 합니다. 결과 중심의 문화 속에서 우리는 실수를 결점으로 여기는 경향이 있으며, 이는 자기 비난을 악화시키는 원인이 됩니다. 그러나 실수를 배움의 과정으로 인식하면, 자신의 가치를 더 객관적으로 바라볼 수 있습니다.

"나는 왜 이렇게 부족하지?"
⇨ "이번 경험 덕분에 무엇을 더 배워야 할지 알게 됐어."

실수를 인정하며 학습의 도구로 전환하면 스트레스는 줄고, 자신감은 커집니다.

"나는 실패자야."
⇨ "내가 이런 경험을 했으니, 다음엔 더 나아질 거야."

자신을 향한 긍정적이고 현실적인 말은 비합리적인 신념을 줄여 줍니다.

"실수해서 다 망쳤어."
⇨ "완벽하지 않아도 괜찮아. 나는 성장하고 있어."

완벽함을 추구하기보다 성장하는 과정을 강조하는 말투는 내면의 평화를 줍니다.

실수한 상황에서 "이건 비합리적인 생각인가?"라고 스스로 질문해 보세요. 비합리적인 신념이 얼마나 감정을 악화시키는지 자각하는 것만으로도 큰 도움이 됩니다. "이번 일로 배운 점은 무엇일까?"라고 물으며, 실수를 학습의 도구로 바꾸세요. 예를 들어 중요한 발표에서 실수했다면 "다음번에는 자료를 더 꼼꼼히 준비해야겠다"는 현실적인 목표를 세워 보세요.

자신에게 따뜻한 격려를 아끼지 말고 완벽함 대신 꾸준한 성장을 목표로 삼으세요. "나는 그 상황에서 최선을 다했어. 다음엔 더 잘할 거야"라고 스스로를 다독이면 실수로 인해 움츠러들기보다 더 나은 행동으로 이어질 수 있습니다.

비교하게 될 때는 기준을 나에게 맞춰라

"저 사람은 벌써 저만큼 갔는데, 나는 왜 이 모양이지?"
"너도 잘하고 있어. 네 속도로 가는 거야."

많은 사람이 자신의 삶을 타인의 기준과 비교하며 불안과 초조함을 느낍니다. 하지만 비교는 우리를 위축시키고, 스스로의 가치를 제대로 보지 못하게 만듭니다. 배우 전도연은 한 인터뷰에서 이렇게 말했습니다.

"다른 배우들과 비교하면 끝이 없어요. 저는 오로지 제 자신과 싸워 왔습니다. 어제의 저보다 조금 더 나아지면 충분하다고 생각해요."

그녀의 말은 비교 대신 자기 자신을 기준으로 삼는 것이 얼마나 중요한지를 보여 줍니다.

비교하지 않는 말 습관
세 가지

비교는 인간의 본능적인 습관입니다. 앞서 언급한 사회적 비교 이론에 따르면, 사람들은 자신의 위치를 파악하기 위해 타인과 비교합니다. 특히 소셜 미디어와 같은 플랫폼은 비교를 더욱 부추깁니다. 타인의 성공과 화려한 일상이 과장된 이미지로 보여질 때 우리는 자신을 실제보다 작게 느끼며 열등감에 빠지기 쉽습니다.

친구가 새 차를 샀다는 소식을 들었을 때 "나는 왜 이런 걸 못 사지?"라고 생각해서 좋은 점이 있을까요? 이는 의미 없는 비교를 통해 자신을 평가하는 결과입니다. 이런 비교는 자존감을 낮추고, 삶의 만족도를 크게 떨어뜨립니다. 그렇다면 비교하지 않는 말 습관에는 어떤 것들이 있을까요?

"나는 왜 저 사람만큼 못하지?"

⇨ "어제의 나보다 조금 더 나아졌으면 된 거야."

자기 자신과의 비교는 성취감을 높이고, 긍정적인 에너지를 제공합니다.

"저 사람은 어떻게 저렇게 잘할까?"

⇨ "그 사람은 자기 길을 잘 가고 있네. 나는 내 길을 열심히 가면 되는 거야."

타인을 인정하며 스스로를 다독이는 말투는 관계를 개선하고, 내면의 평화를 줍니다.

"나는 뭐 하고 있는 거지?"

⇨ "나는 내가 정한 목표를 향해 한 걸음씩 가고 있어."

구체적인 목표를 설정하고 이를 말로 표현하면 동기 부여를 강화할 수 있습니다.

남과 비교하지 않는 말투를 연습하려면 먼저 자신만의 속도와 목표를 인정하는 자세가 필요합니다. 함께 입사한 동기가 나보다 더 빨리 승진했을 때 "왜 나만 이렇게 늦을까?"라고 말하기보다는 "나도 내가 준비한 만큼의 속도로 가고 있어"라고 자신을 격려해 보세요. 이는 자존감을 높이고 자신의 길에 집중할 수 있게 할 것입니다.

작은 성취를 인정하는 말투도 중요합니다. "아직 멀었어"라고 생각하기보다는 "내가 지금까지 해낸 것도 대단해"라고 스스로를 칭찬하면 비교의 압박에서 벗어나 자신만의 길을 걸을 수 있습니다.

인생이
여유로워지는 말,
해 볼 만큼 해 보자

"이번엔 꼭 완벽해야 해. 실패는 절대 안 돼."

"그렇게 생각하면 더 부담스러울걸? 그냥 해 볼 만큼 해 본다고 생각해."

우리는 종종 스스로에게 너무 높은 기대를 걸며 마음의 여유를 잃어버리곤 합니다. 하지만 현실적인 기대치를 설정하고, 스스로에게 격려를 보내는 말투는 부담을 줄이고 더 나은 결과를 이끌어 낼 수 있습니다. 기대치를 조절하는 것은 단순히 마음을 편안하게 하는 것이 아니라 스스로를 존중하고 지속 가능한 성장을 위한 밑바탕을 만드는 과정입니다.

결과보다는 과정에 집중하는 태도도 기대치를 조절하는 데 중요한 역할을 합니다. "이번에도 실패하면 어떡하지?"라는 생각은 불안을 키우지만, "이 경험에서 배우고 성장하는 게 더 중요해"라고 말하면 실패에 대한 두려움이 줄어듭니다. 과정에 집중하면 목표로 가는 여정이 조금 더 가벼워집니다.

부담을 덜어내고
용기를 북돋는 말

중요한 프레젠테이션을 앞두고 "모두가 완벽하다고 생각해야 해"라고 스스로를 몰아붙이면 두뇌는 과도한 긴장을 느끼며 성과가 떨어질 수 있습니다. 대신 "나는 내가 준비한 만큼 충분히 잘할 수 있어"라고 말하면 두뇌는 긴장을 완화하고 상황을 더 객관적으로 처리할 수 있습니다. 이런 방식은 기대치를 낮추는 것이 아니라, 인지 부하를 줄여 더 나은 성과를 내기 위한 전략입니다. 그렇다면 어떻게 하면 기대와 현실의 균형을 맞출 수 있을까요?

"이건 무조건 성공해야 해"
⇨ "내가 지금 할 수 있는 최선을 다하면 충분해."

완벽 대신 최선을 강조하세요. 현실적인 목표를 세우는 것은 성취 가능한 기준을 설정하는 첫걸음입니다.

"실패하면 어떡하지?"
⇨ "이번 경험에서 내가 배울 수 있는 건 뭘까?"

결과보다 과정에 집중하세요. 과정을 중시하면 실패에 대한 두려움을 줄이고 도전을 즐길 수 있습니다.

오늘부터 "모두를 만족시켜야 해" 대신 "내가 할 수 있는 최선을 다하자"라는 말을 연습해 보세요. 이는 당신을 무겁게 했던 짐을 덜어내고 더 나은 결과를 만들어 줄 것입니다.

관계와 인생이 풀리는 긍정적인 말 습관

호감 가는 사람은 말투가 다르다

© 박근일 2024

1판 1쇄 2024년 12월 27일
1판 2쇄 2025년 1월 9일

지은이 박근일
펴낸이 유경민 노종한
책임편집 정현석
기획편집 유노북스 이현정 조혜진 권혜지 정현석 **유노라이프** 권순범 구혜진 **유노책주** 김세민 이지윤
기획마케팅 1팀 우현권 이상운 **2팀** 이선영 김승혜 최예은 전예원
디자인 남다희 홍진기 허정수
기획관리 차은영
펴낸곳 유노콘텐츠그룹 주식회사
법인등록번호 110111-8138128
주소 서울시 마포구 월드컵로20길 5, 4층
전화 02-323-7763 **팩스** 02-323-7764 **이메일** info@uknowbooks.com

ISBN 979-11-7183-078-7 (03190)